大相撲　あなたの知らない土俵の奥

長山　聡
Satoshi Nagayama

JIPPI Compact

実業之日本社

■第一章■ 奥深き相撲の世界

「相撲」1700年の歴史

相手を殺すこともあった!?　神話時代の相撲……10
織田信長も愛好した儀式としての相撲……12
江戸時代には興行化が進む　相撲ルールが今の形になる……13
明治・大正で整えられた、現在に続く相撲のスタイル……15
いつの時代にもいたスーパースター　昭和・平成の相撲界……19

戦国末期から現代に続く！　四股名の始まり

五穀豊穣を願ってつけられた四股名の始まり……22
相撲のエンターテイメント性のひとつ！　四股名は親方のセンスの見せどころ……23

時代によって変化していった決まり手

「四十八手」どころか「三百手」!?　数多くあった決まり手……26
時代によって変化するワザにどう対応するか？……30

後世の相撲ファンのためにも整理してより正確な決まり手を！……34

力士を彩る化粧まわしと取りまわし

古から日本人の下着だったふんどしが形を変えてまわしへ……36
化粧まわしと分けられ、改良されていった取りまわし……37
1億円超えも!?　個性豊かな化粧まわし……40

どれが正しい？　立ち合いの変遷

昔は1時間以上も仕切っていた!?　勝負開始を力士に委ねる不思議なスポーツ……42
「手をつく立ち合い」ははたして正しいのか？……45

人気の回復策！　戦後から始まった三賞制度

最初は逆だった殊勲賞と敢闘賞　選考委員会によって選ばれる受賞者……48
受賞できるかは運次第!?　三賞の曖昧な選考基準……49

国技館の開館とともに発生した優勝制度

はじめはチーム対抗戦だった！　優勝がなかった時代の大相撲……53

優勝額が掲げられても注目されなかった「最優秀力士」……56
天皇賜杯をきっかけに整備されていく優勝の制度……57

■第二章■ 力士をとりまく周辺事情

日本の文化を具現化したランキング・番付

スポーツ団体らしくない!? 成績順ではないランキング……64
「四段目」「五段目」もあった!? 番付の地位の呼称の由来……66
力士が多すぎて書ききれない!? 試行錯誤の番付の歴史……67
正しい番付がわからない! 「張り出し」制度は復活すべき……70

相撲界独自の給料システム

時代の変化とともに変わっていく力士の給料……76
大相撲が生んだ独自のシステム! 持ち給金の仕組みって?……79

現在のラッシュに続く懸賞金制度の変遷

昔は現物支給だった！　懸賞金の変遷……84
懸賞の数は注目度の高さ！　ファンが選出する懸賞も？……86
規制緩和によってどんどん増える懸賞金の数……87

稽古と広報を兼ねそなえた巡業

本場所との二本立て！　巡業は普及と発展の場……90
大ブームに乗っかった自主興行で巡業が激減!?……92
巡業は最高の修行！　部屋の垣根を越えた稽古が見どころ……94
巡業の減少で変わった稽古のあり方……96
「裸の大使」として世界各国で大活躍！……101

時代と共に移り変わる相撲場

神社、仏閣から始まり広がっていった相撲場……105
両国から蔵前、そしてまた両国へ　やはり両国は相撲の街……108

力士たちの生活の基盤・相撲部屋

大相撲を動かす大元締め　力士たちが暮らす生活の場……111

時代とともに変化する相撲部屋の数の推移……115
強くなるかどうかは親方次第？　親方に依存する相撲部屋の体質……117
代々受け継がれる年寄制度
元々は親方の遺族を守るものだった！　独自のシステム年寄制度……119
改定を繰り返し、変化する制度……121
様々な思惑がからむ一門制度と役員選
巡業組合のことだった、生活を守るための「一門」という集団……126
一門同士の思惑が交錯　揺れる理事選挙……127
旧体制を改善し、正しい相撲界へ……132
■第三章■　もっと知りたい大関と横綱の真実
波乱に満ちた横綱確立とその変遷
吉田司家という家元のアイディアが「横綱」誕生の秘密？……138

「横綱」は「最強」じゃなかった？　称号だったころの横綱……142
クレームからできた？　地位としての「横綱」の確立……144
「横綱は降格しない」は実は誰も決めていなかった！……146

大相撲の神髄・横綱土俵入り

パフォーマンスとしてはじまった横綱土俵入り……150
本当は逆だった？　雲龍型と不知火型……151
真実はどこに？　定着してしまった勘違い……152

横綱・大関の昇進と進退

横綱も降格の可能性!?　揺れる横綱制度……156
横綱になれなかった大関、まわり道した大関……161
昇進基準を厳しくすることが力士の寿命にも影響する？……164
数字だけでは決められない？　横綱・大関の昇進……168

■終章■　これからの相撲界を考える

一体、誰が「最強の横綱」？　記録だけでは測れない強さ……172
どんどん増える外国出身力士と、ますます減っていく日本人力士……176
多様なスポーツの流行で新弟子が集まらない？……179
見るだけでなく取る楽しさも　日本独自の文化としての相撲……185

■あとがき■……188

※本書では、明治以前の「大坂」の表記を「大阪」で統一しています。
※データは平成27年九州場所後のものを使用しています。

■第一章■

奥深き相撲の世界

「相撲」1700年の歴史

相手を殺すこともあった!?
神話時代の相撲

四つに組んでの力比べは、人間の本能に起因するともいわれ、古来世界各地で相撲によく似たスポーツが行われている。**日本でも相撲の歴史をひもとくと、神話伝承にまでさかのぼる。**古事記には、建御雷神《タケミカヅチノカミ》と建御名方神《タケミナカタノカミ》が、出雲の伊那佐の浜（出雲大社の近くといわれている）で力比べを行い、負けた建御名方神が信濃国の諏訪に逃げたという逸話が残されている。「国ゆずり」という紛争の解決方法が、格闘技だったことになる。

相撲の始まりとして最も知られているのは、日本書紀に記載されている野見宿禰《のみのすくね》と当麻《たいまの》蹴速《けはや》のバトルだ。当時、当麻蹴速という男が大和国で最強の名をほしいままにしていたため、垂仁《すいにん》天皇が「相手になる者はいないのか」とご所望になり、出雲の国から野見宿禰が呼び寄せられた。垂仁天皇7（300）年7月7日に行われたとされる最強決定戦は、宿

野見宿禰と当麻蹴速の力比べ
（奈良県相撲館けはや座所蔵）

彌が蹴速のわき腹を蹴り、あばら骨を踏み折って殺してしまうという、壮絶な結末で終わっている。

現在の相撲とは全く異なり、生死をかけた戦いが展開されたわけだが、これも事実として確認できるものではない。とはいえ勝者である宿禰は、現在でも相撲の祖神として祀られ、宿禰神社は各地に存在する。

同じく日本書紀には、皇極《こうぎょく》天皇（６４２〜６４４）の元年に、百済《くだら》（古代朝鮮の国家）の使者をもてなすために、宮廷の衛士（兵士）を集めて相撲を取らせたことが書かれている。

これが相撲の歴史上、実際の話として最初に登場するエピソードだ。

織田信長も愛好した儀式としての相撲

相撲は古代から格闘技としてだけではなく、五穀豊穣の祈願として継承されてきた歴史がある。奈良時代に入ると、大陸との交流の影響もあって、相撲が祭典や権力者の祝い日などの儀式に加えられた。

聖武《しょうむ》天皇は天平《てんぴょう》６（７３４）年7月7日に、諸国の力士を集めて盛大な節会相撲《せちえずもう》を開催した。節会とは元旦、端午《たんご》、七夕、重陽《ちょうよう》など、季節の変わり目の行事を行う日のことで、相撲節会は豊作を占う国占いとして宮中の年中行事に制度化され、その後約３００年余りの長きにわたって続けられた。

この相撲イベントには各地から招集された屈強な相撲人（力士）が左右に分かれ、約20番取り組んだ。まだ土俵は存在しなかったが、こぶし突き、殴る、蹴るなどが禁止され、論（物言い）や練合《ねりあい》（仕切り直し）の制度が生まれるなど、今に連なる相撲のルールの原型を見いだすことができる。

やがて朝廷の力が衰え、**武士の時代になると、相撲は心身の鍛錬や戦闘に役立つ武術と**

して、弓馬とともに武士の必須科目になっていく。

戦国時代の英雄・織田信長も無類の相撲好きとして知られ、たびたび上覧相撲を催した。とりわけ天正《てんしょう》6（1578）年の大会は最大規模を誇り、1500人もの力士が安土城に集まったと伝えられている。

またそのころには、各地に浪人者を中心としたセミプロの相撲集団が生まれ、四股名《しこな》を名乗って興行を行う集団も現れた。

江戸時代には興行化が進む相撲 ルールが今の形になる

江戸時代に入り、戦乱が治まると、失業した浪人を中心に、職業相撲である勧進《かんじん》相撲がますます隆盛を極めていく。勧進というのは、神社、仏閣の建立、修理などの資金を集めるために行われるチャリティーのことだが、江戸時代の職業相撲は当初の勧進の意味からだんだん離れ、自分たちの生活のための営利興行となっていった。しかし神社奉行の許可を求める必要から、勧進の名は江戸期を通じて使い続けられた。

江戸時代初期には人方屋《ひとかたや》といって、相撲を取るスペースを大きくとり、対抗する相撲集

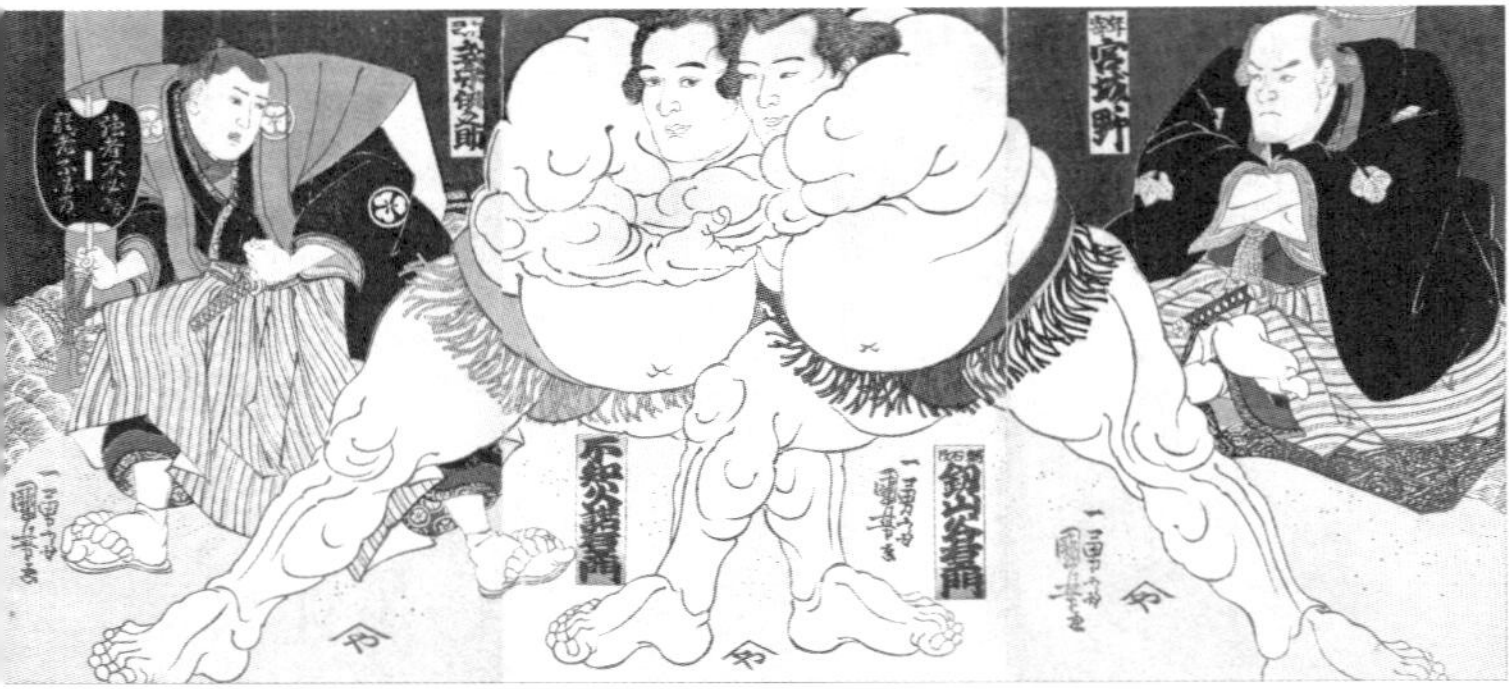

1830 年代ごろに、歌川国芳によって描かれた不知火諾右衛門と剣山谷右エ門

団や観客らが円形の人垣を作っていた。当然、相撲が長引くと、この人垣に押し込んでしまう場面も見られた。押し込んだほうが勝利となったようだが、まだ戦国の気質が抜けていないころだったため、相撲取りが人垣に紛れ込むことでケンカ口論の火種となり、なかには血を見るような修羅場さえ演じられることもあったという。そのため、幕府はしばしば相撲禁止令を出して取り締まった。

打開策として相撲集団が考案したのが、相撲作法や基本技を制定し、相撲を取る場所に境界線を作ることだった。この境界線が、享保《きょうほう》（１７１６～１７３５）ごろに現在の土俵とほぼ近い形に完成し、土俵の外に相手を出すことも勝ちになるルールも確立していった。

各地にあった職業相撲の集団だが、時代を経るにしたがい淘汰《とうた》され、組織化された。すべての芸能同様、当初の勧進相撲の中心は大阪や京都で、いずれも東西2枚の横番付（65ページ参照）でランク付けされていた。江戸の相撲も次第に勢力を伸ばしていくが、京大阪に比べれば力士の数が少なかったため、宝暦《ほうれき》7（1757）年に東西を1枚に収めた縦番付を考案。これがポピュラーな形として定着し、現在まで続くことになる。

同時に江戸の相撲が、年寄制度や会所（現在の相撲協会）組織を整えたこともあり、相撲の中心は京大阪から、将軍のお膝元である江戸に移っていった。

今日の相撲制度は、時代によって様々な変化を見せてはいるが、基本的にこの宝暦以降の江戸勧進相撲を受け継いだものといっていい。

明治・大正で整えられた、現在に続く相撲のスタイル

やがて**江戸時代が終焉を迎えると、相撲は存亡の危機に立たされる。**明治4（1871）年の断髪廃刀令が実施された時には、好角家の政府高官の尽力によりマゲを切ることは免れたものの、文明開化の風潮の中、「相撲は裸踊り」と嘲笑され、相撲廃止論まで飛び出した。

そこで明治22（1889）年に、江戸時代から続いていた相撲会所を東京大角力協会《おおずもうきょうかい》と改称。勝ち星による給金の増額、番付の明確化など相撲規則を細目にわたって制定し、機構の改革を行った。

相撲興行は再び軌道に乗り、明治42（1909）年6月に、いまの両国にある回向院《えこういん》境内に常設館が建てられた。

この常設館を「国技館」と命名したことから「相撲は日本の国技である」という概念が一般的に定着したのである。この両国国技館の完成で、雨天でも興行が行えるようになり、経営も安定するようになった。

大正14（1925）年4月29日に摂政宮殿下（のちの昭和天皇）は、大相撲を招いて台覧され、金一封を下賜された。相撲協会はその拝領金で優勝杯を作成した。これが思わぬラッキーな方向に展開することになる。

当時、江戸時代中期までプロ相撲を牽引した関西拠点の相撲集団は、明治以降は衰退の一途をたどっていた。京都相撲は明治末期に消滅し、大阪相撲も危機的状況にあった。

そこで東京相撲協会は賜杯拝戴を独占するのは恐れ多いという名目のもと、大阪相撲協会を吸収合併。結果的に、日本のプロ相撲の団体が統一されたことにより、財団法人の資

嘉永２（1849）年に回向院で開催された勧進相撲のようす
勧進大相撲土俵入之図　歌川国芳画（都立中央図書館特別文庫室所蔵）

格を得ることに成功した。

財団法人としてリニューアルした大日本相撲協会（のちの日本相撲協会）は、個人の優勝制度が確立したこともあり、取組方法や無制限だった仕切りに制限時間を設けるなど、様々な改革を行った。

昭和６（１９３１）年には力士の体格の向上に伴い、より攻防のある相撲を目的として、勧進相撲の時代から13尺（約３・９３９メートル）だった土俵の直径を、現在の15尺（約４・５４５メートル）に拡大した。

戦後は江戸時代からの年２回興行を漸次増やしていき、昭和33（１９５８）年に現在の年６場所制となった。こうしたしっかりとした経営基盤を築くことにより、多少の人気の波はあったものの、大相撲は常に日本のプロスポーツの中心として君臨することができたのだ。

平成26（２０１４）年１月には内閣府から新制度の公益法人として認定され、同年４月に新生相撲協会として、新たなスタートを切った。

こうして見てくると、**相撲は日本という国の成り立ちとともに存在し、紆余曲折を経ながらも、常に日本人に愛され続けてきた。**

いつの時代にもいたスーパースター 昭和・平成の相撲界

前述の通り、財団法人としてスタートした相撲界は、昭和・平成と様々な制度を確立させ、現代に繋がっている。しかし人気プロスポーツしての地位を保ち続けた背景には、なんといっても各時代を支え続けた名横綱たちの存在があった。

昭和初期に土俵に君臨したのは玉錦《たまにしき》だった。双葉山《ふたばやま》にとっても大きな壁で、初顔から6連敗を喫した。しかし7回目の対戦で初めて玉錦に土をつけ、初優勝を果たすと、関脇から横綱まで一気に番付を駆け上がった。その間に達成した69連勝は、日本軍の快進撃にもたとえられ、大相撲は国民娯楽の頂点として、史上空前の人気となった。また双葉山は強さだけを求めるのではなく、心技体そろった「相撲道」を目指す求道者でもあり、真摯な土俵態度は、力士の理想像として、現在に語り継がれている。

戦後は、進駐軍に国技館を接収され、一時本拠地がなくなってしまった相撲界。当然、相撲人気は低迷したが、再び隆盛に導いたのが「マムシ」栃錦《とちにしき》と「土俵の鬼」若乃花《わかのはな》(初代)であった。ともに軽量ながら多彩な技や、豪快な決まり手で大型力士をほんろう。両雄による秘術を尽くした攻防は、近代相撲の華と称された。横綱同士の熾烈な賜杯争いは、栃若《とちわか》時代から本格化した。

昭和40年代、「巨人・大鵬・卵焼き」と人気の三幅対に称えられた大鵬《たいほう》。その前に大きく立ちはだかったのが、宿命のライバル柏戸《かしわど》であった。折からの高度経済成長に呼応したような大型力士の対決は全国の相撲ファンを二分。立ち合いの迫力は超弩級で、史上最高のスケールとまで絶賛された。また大鵬のもう一つの功績は、若い女性など、それまでにあまり相撲に関心を示さなかった世代にも相撲を広めたことにある。

幕下付け出しからわずか3年半で最高位についた初の学士横綱、輪島《わじま》。数々の年少記録を作り、21歳2か月の史上最年少で横綱昇進を果たした北の湖《きたのうみ》。昭和50年代前半は、2人のタイプの異なった天才力士がしのぎを削り、数多くの名勝負が生まれた。この時代は輪《りん》湖《こ》のほかに、貴ノ花《たかのはな》（初代）や高見山《たかみやま》らの人気力士もからみ、相撲人気は長期安定の様相を呈した。

わずか半年の間に関脇から横綱まで昇進し、「ウルフフィーバー」と呼ばれた千代《ちよ》の富《ふ》士《じ》。精悍なマスクに筋肉質の体は、それまでの力士の概念を打ち破り、爆発的な人気を博した。ライバルだった隆《たか》の里《さと》が衰えると、独走時代を築き上げ、当時としては史上最多の

1045勝を記録。相撲界初の国民栄誉賞に輝いた。

若乃花（3代目）とともに、昭和末期から平成はじめにかけて空前絶後の相撲ブームを巻き起こした貴乃花。テレビ視聴率もこの時代にピークを迎え、ハワイ出身で大型の曙《あけぼの》や武蔵丸《むさしまる》との優勝争いは、日本列島を興奮の坩堝と化した。また貴乃花のストイックなまでに相撲に打ち込む姿と、双葉山以来といっていい妥協のない本場所での相撲ぶりは、多くの相撲ファンの共感を呼んだ。

貴乃花引退後は、朝青龍《あさしょうりゅう》、次いで白鵬《はくほう》が土俵の覇者となるモンゴル人力士の全盛時代が続き、現在に至っている。

大相撲は常に覇者交代の歴史でもあるが、大横綱の引退は、不思議と時代の変わり目と重なることが多い。第2次世界大戦が終戦して双葉山が、高度経済成長の終わりに大鵬が、バブル崩壊とほぼ同時に千代の富士が、そして20世紀終了直後に貴乃花がリタイアしている。

こうした現象から、大相撲は日本の歴史とリンクしながら、発展してきたということがよくわかる。

戦国末期から現代に続く！　四股名の始まり

五穀豊穣を願ってつけられた四股名の始まり

四股名は「醜名」とも書き、自分を卑下するとともに、古代には「強い」という意味も含まれていた。

平安時代の相撲節会のころは、本名の上に出身地をつけて名乗っていた。四股名をつけるようになったのは、戦乱が治まり、巷にあふれた力自慢の浪人力士たちが、相撲興行を行うようになった戦国末期だといわれている。

『山々嶽々を晴天十日見せ』と寛政時代の川柳にあるように、江戸の勧進相撲では「山」や「嶽」、そして「川」のつく四股名が多用された。各地の山や川が選ばれたのには、郷土を代表し、相撲本来の五穀豊穣を祈願する意味と同時に、自然崇拝の概念もあったようだ。

勝負の世界なので、鬼勝象之助《おにかつぞうのすけ》（寛永）、釈迦ヶ嶽雲右衛門《しゃかがたけくもえもん》（安永）、雷電為右衛門《らいでんためえもん》（寛政）、稲妻雷五郎《いなづまらいごろう》（文政）、雲龍久吉《うんりゅうひさきち》（安政）、鬼面山谷五郎《きめんざんたにごろう》（慶応）など、見るからに強そうな四股名も好んでつけられた。

江戸時代では谷風梶之助《たにかぜかじのすけ》、小野川喜三郎《おのがわきさぶろう》と、フルネームを四股名と認識していた。しかし現在では「白鵬」、「稀勢の里《きせのさと》」だけを四股名と考え、その下の「翔」、「寛」までを四股名に含めるという考えは希薄だ。

相撲のエンターテイメント性のひとつ！ 四股名は親方のセンスの見せどころ

四股名は親方が考案することが多い。出身地や師匠の名の一字をもらって、下に山、川、海、花、錦などの字をつけるのが一般的となっている。

四股名の頭に必ず「琴」の字を冠する佐渡ヶ嶽《さどがたけ》部屋のように、最近では四股名を見るとどこの部屋所属か分かる例が増えてきた。

若乃花や貴乃花、そして朝潮《あさしお》など、期待に応えて出世した力士が、師匠や部屋伝統の名を継承することもある。

四股名をつけることに、自分なりのこだわりを見せる親方も存在する。角界きっての読者家でもあった二所ノ関《にしょのせき》親方（元大関・佐賀ノ花《さがのはな》）は、中国の古典「荘子」からヒントを得て、大鵬という四股名を考案。大鵬が大横綱に成長したこともあって、以後、中国の故事・漢籍などから雄大なスケールを感じさせる名を引用し、四股名のネーミングにする例が増えた。

戦前までは幕内に昇進した力士は、特殊な例を除いて必ず四股名をつけて土俵に上がっていた。本名のままで幕内昇進を果たした第1号は、昭和22（１９４７）年夏場所の岩平《いわひら》（のちの若葉山《わかばやま》）。その後、横綱まで昇進した輪島《わじま》や大関・出島《でじま》など、本名のまま力士生活を全うする相撲取りも現れるようになった。

現在も、角界屈指の人気力士遠藤のように、本名の幕内力士は存在する。とはいえ、正式な決まりこそないものの、関取昇進後は四股名をつけることが常識とされている。たとえば幕内の取組が「鈴木」－「佐藤」戦では、相撲情緒に欠けてしまうと感じるファンは多いだろう。

また、現在では改名扱いとなる「の」「ノ」「乃」の字の違いだが、江戸時代には番付によってまちまちに表記されており、書く人に裁量に任されていた。

明治に入ると「野」の字の略字として「の」が使用され、「春日野《かすがの》」や「立田野《たつたの》」を「春日の」「立田の」と表記されていた時期もあった。その後、昭和の戦前までは常ノ花《つねのはな》、西ノ海《にしのうみ》、大ノ《おおの》里《さと》、男女ノ川《みなのがわ》のように、序ノ口から「ノ」の字で統一するケースが目立った。「ノ」の字を「の」に改名したのは、昭和29（1954）年初場所の千代《ちよ》の山《やま》が最初となる。ただし同場所では番付上では改名扱いになっておらず、翌春場所から番付の表記が「千代の山」となった。

昭和31（1956）年夏場所には、玉ノ海《たまのうみ》が玉乃海に変えたが、この時初めて「改め」という形で番付に掲載された。昭和33（1958）年春場所に北ノ洋《きたのなだ》が北の洋に変えた時も同様で、以後「の」の字次系の改名はすべて番付に明記され、現在に至っている。

現在でも宇瑠虎《うるとら》太郎（式秀《しきひで》部屋）のようにユニークな四股名を名乗る力士は存在する。しかし、江戸から明治にかけては、忍山色助《しのぶやまいろすけ》（享保）、横巾楯之助《よこはばたてのすけ》（元保）、膃肭臍市作《おっとせいいちさく》（明治）、不了簡綾丸《ふりょうけんあやまる》（明治）、馬鹿《ばか》の勇介《ゆうすけ》（明治）、ヒーロー市松《いちまつ》（明治）など、現在の相撲界ではとても容認できないような四股名が数多く見られる。

こうした四股名からも、「国技」や「相撲道」などといわれるようになる前の相撲界は、より興行色が強く、エンターテイメント主体だったことを垣間見ることができる。

時代によって変化していった決まり手

「四十八手」どころか「三百手」⁉ 数多くあった決まり手

相撲の決まり手として、広く一般に言い伝えられてきたものに「四十八手《しじゅうはって》」がある。現在でも相撲の決まり手の数を、48手だと思い込んでいる人は多い。しかし、この48という数字は、鷹の種類が多いことを「四十八鷹」というように、数多くあるという意味で使われていたに過ぎず、縁起のいい数でもあった。

それでも相撲の「四十八手」に全く根拠がないわけではない。江戸時代には、古くから伝わる「反《そり》」「捻《ひねり》」「投《なげ》」「掛《かけ》」の4項目を、それぞれ12手ずつに分けて、「四十八手」とした文献が数多く見られる。とはいえ、当時はすでに土俵が存在しており、土俵外へ「出す」技で決まることも多かったため、あまり実用的な意味はなかった。

当然48の決まり手で収まるはずもなく、**「四十八手の裏表」などといわれ、実際には数**

多くの決まり手が存在した。延宝《えんぽう》（１６７３～１６８１）年間に描かれた書や図絵には１２０手も掲載されており、行司の口伝を含めると決まり手の数は３００にも達したといわれている。

これほどまでに実情に即さない「四十八手」だが、さすが伝統を重んじる相撲界というべきか、昭和前半までは「相撲の決まり手は四十八手」という建前を変えなかった。しかし実際に勝負がついたあとは、まったく「四十八手」にとらわれない決まり手を場内発表していたのである。

決まり手も、ただその場で発表されるだけで、昭和31（１９５６）年春場所までは星取表に記載されることもなかった。正式なものが存在しなかったこともあり、見解の分かれる技で勝負が決まると、各新聞がバラバラの決まり手を掲載することも珍しくなかった。

こうした実情を問題視し、相撲協会がようやく重い腰を上げたのが、昭和30（１９５５）年5月のことだった。早稲田大学出身のインテリ力士だった秀ノ山《ひでのやま》親方（元関脇・笠置《かさぎ》山《やま》）を中心に、決まり手を整理、統合し、68手を制定した。

昭和35年制定の決まり手一覧（表１）

1	突き出し	36	裾払い
2	突き倒し	37	居反り
3	押し出し	38	たすき反り
4	押し倒し	39	撞木反り（しゅもくぞり）
5	寄り切り	40	掛け反り
6	寄り倒し	41	外たすき反り
7	浴びせ倒し	42	突き落とし
8	下手投げ	43	巻き落とし
9	上手投げ	44	とったり
10	小手投げ	45	逆とったり
11	掬い投げ（すくいなげ）	46	肩透かし
12	上手出し投げ	47	外無双（そとむそう）
13	下手出し投げ	48	内無双
14	腰投げ	49	頭捻り（ずぶねり）
15	首投げ	50	上手捻り
16	一本背負い	51	下手捻り
17	二丁投げ	52	網打ち
18	櫓投げ（やぐらなげ）	53	鯖折り
19	掛け投げ	54	波離間投げ（はりまなげ）
20	つかみ投げ	55	腕捻り（かいなひねり）
21	内掛け	56	合掌捻り
22	外掛け	57	首捻り
23	ちょん掛け	58	引き落とし
24	切り返し	59	引っかけ
25	蹴返し	60	はたき込み
26	蹴手繰り（けたぐり）	61	吊り出し
27	三所攻め	62	吊り落とし
28	渡し込み	63	送り出し
29	二枚蹴り	64	送り倒し
30	小股掬い	65	割り出し
31	外小股	66	うっちゃり
32	大股	67	極め出し（きめだし）
33	褄取り	68	極め倒し
34	足取り	69	呼び戻し
35	裾取り	70	河津掛け

※番号は便宜的に振ったものです

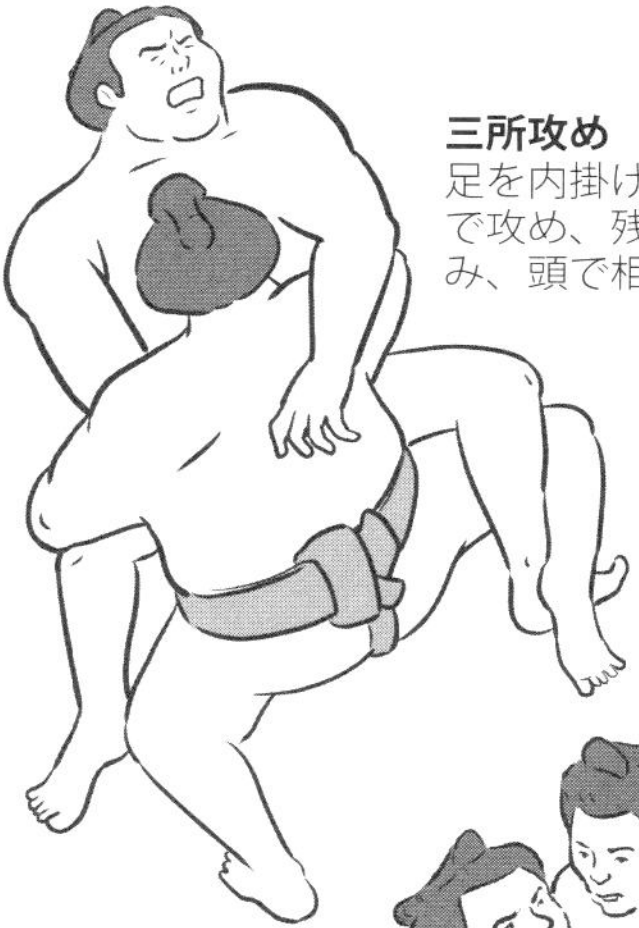

三所攻め
足を内掛け（または外掛け）で攻め、残りの手で渡し込み、頭で相手の胸を押す

櫓投げ
両手でまわしを取り、膝を相手の内股に入れて太ももに乗せ、持ち上げて投げ落とす

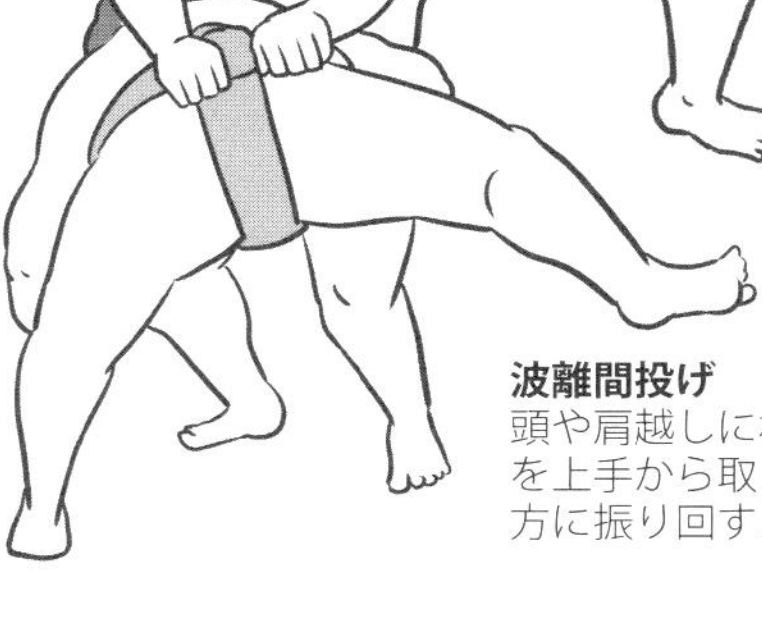

波離間投げ
頭や肩越しに相手のまわしを上手から取り、相手を後方に振り回すように投げる

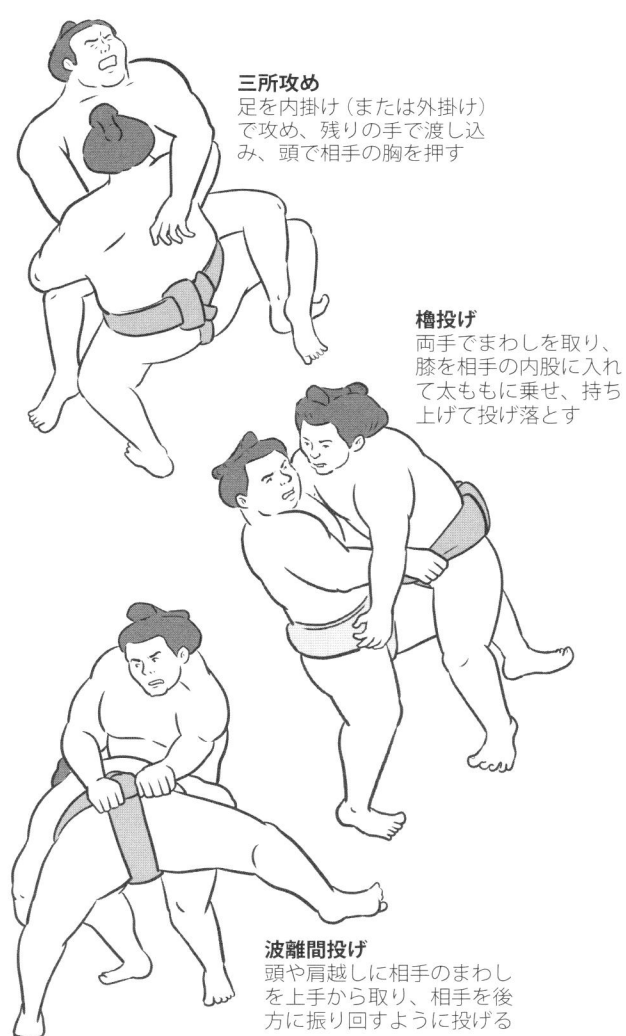

時代によって変化するワザにどう対応するか？

相撲の決まり手は、技をかけたほうの動作と形から決定されるが、何の技をかけなくても、相手が自滅する場合がある。それを「非技《ひぎ》」と称して「勇み足」と「腰砕け」の二つも同時に定められた。昭和35（1960）年1月には「出し投げ」を「上手出し投げ」と「下手出し投げ」に分け、「河津掛け」を加えて70手にマイナーチェンジ。この70手プラス2が、長い間相撲公認の決まり手として運用されてきた**（表1）**。

ところが近年、力士の体格の向上や相撲のスピード化、それに外国人力士の台頭などで従来の決まり手にあてはめるには無理な技が増えてきた。そこで相撲協会は、平成12（2000）年に決まり手の見直しと検討を行い、平成13（2001）年初場所から一気に12手も増やした**（表2）**。現在の決まり手は合計82手となっている。

非技も「つき手」「つきひざ」「踏み出し」が加わって五つになった。

時代の変化に対応し、決まり手の見直しを行った協会の姿勢は評価できるものの、制定当時から指摘されていた不備がすべて解消されたわけではない。たとえば昭和初期まで、一気に相手を土俵に出した場合を「出す」、粘る相手を土俵の外へ出した場合は「切る」と区別していた。従って「寄り出し」と「押し切り」という決まり手も存在した。圧倒的に寄り系や押し系の決まり方が多いのだから、そういった区別は必要だろう。

押しと寄りに関しては、相撲規則が変更されていないにもかかわらず、マスコミだけでなく協会自身も時に勘違いしている例がある。

現在はまわしを取って勝負が決まると、必ずといっていいほど寄り切りとなるが、相撲の勝負規則には、「**まわしを取っていても押す格好になり、体が離れていれば押し出し**」と書かれている。横綱の栃錦や三重《みえ》ノ《の》海《うみ》が得意だったように、両前みつを取って拝むように前に出るのは、寄りではなく押しなのである。

3代目若乃花は、平成5（1993）年名古屋場所千秋楽に小錦を破り、13勝を挙げて場所後の大関昇進を決めた。この相撲は若乃花が両前みつをとって拝むようにして相手を土俵外へ運んだ。協会発表は寄り切りだったが、典型的な「拝み

平成13（2001）年に追加された決まり手（表2）

71	小褄取り
72	伝え反り
73	大逆手
74	とっくり投げ
75	小手捻り
76	素首落とし（そくびおとし）
77	送りつり出し
78	送り投げ
79	送り吊り落とし
80	送り掛け
81	送り引き落とし
82	後ろもたれ

押し」で、決まり手は押し出しでなければならない。相撲協会が決まり手の見直しを行った直後の相撲協会機関紙『相撲』（ベースボールマガジン社発行）の平成13年1月号では、新しく増えた決まり手の12手プラス3非技を詳しく解説している。

その最後に「その他の確認事項」としてわざわざ「押し出し」と「寄り切り」の区別という記事が掲載されているが、

「まわしをつかんでいても、差し手が入っていても、手を伸ばして土俵外に出したら『押し出し』。まわしをつかんでいなくても相手を引きつけて出したなら『寄り切り』。現象的には、勝負が決まったとき両者の体が離れていたら『押し出し』、密着していたら『寄り切り』」

と、はっきり明記している。以前はきちんと区別されていたのだから、今後は規則どおりに決まり手を発表してもらいたい。

上手を取って、投げや捻りではなく、まっすぐ引く「上手透かし」も復活させるべきだろう。肩越しに上手を取ることが多かった貴ノ浪《たかのなみ》や把瑠都《ばると》なども、土俵上で何回か見せている。今後照ノ富士《てるのふじ》あたりも豪快に決めそうな技だ。

現在は上手出し投げとして発表されるが、本来まったく別の技といっていい。

平成５（1993）年名古屋場所千秋楽で若乃花が小錦を「拝み押し」で破った取組（読売新聞社）前みつをとって拝むように前に出る典型的な「拝み押し」である

後世の相撲ファンのためにも整理してより正確な決まり手を！

増やすだけではなく、整理したほうがいい技もある。「四十八手」の中に12手あったとはいえ、反り技が今でも6種類もあるのは多すぎる。

江戸時代初期には反り技が決まれば、先に手やしりもちをついても勝ちになったといわれている。派手な決まり方をするため、当時は観客にアピールする反り技を多用する力士も存在した。しかし力士の大型化が著しい現在では、怪我のリスクが大きすぎるため、本場所で仕掛けることは滅多にない。

現に協会が決まり手を制定してから60年が経過するが、「撞木《しゅもく》反り」「たすき反り」「外たすき反り」「掛け反り」の4種類は、十両以上の取組で一度も決まったことがない。

平成27（2015）年春場所に、「居反り」を得意とする学生相撲出身の宇良が入門し、アクロバティックな相撲を見られるのでは、と期待する声が上がった。

しかし幕下以下ならともかく、体重の重い十両以上の関取相手では、怪我をする恐れがあるのでそう何回も反り技を繰り出すことは難しいだろう。

必死で動き回る本場所では思わぬ体勢から勝負が決まることもある。技のデパートモンゴル支店といわれた旭鷲山《きょくしゅうざん》は、平成9（1997）年名古屋場所5日目に、浜ノ嶋《はまのしま》の右手首をつかんでプロレスのハンマー投げのように外側に捻って倒す珍手を繰り出した。現在の協会の決まり手に相当する技がなかったため、「腕捻り」と発表されたが、旭鷲山は「『腕捻り』とは逆だよ。モンゴル相撲の『ゴッタタ』という技で、日本に決まり手になければ、新しい決まり手にしてほしい」と、支度部屋で訴えていた。

もちろん、決まり手をあまり細分化すると収拾がつかなくなる恐れもあるが、江戸時代では300にも及んだ決まり手を仔細に検討すると、ほとんどの動きに対応できるのも事実。現に旭鷲山が決めた技もかつては「腕回し」と呼ばれる決まり手だった。

現在の82手以外の技が出た場合には、「ただ今の決まり手は、協会制定の技にはありませんが、〇〇とします」というような柔軟性があってもいいのではないだろうか。

決まり手に関しては、後世の相撲ファンのためにもなるべく正確で、細部にいたるまでのこだわりを見せてほしいものだ。

力士を彩る化粧まわしと取りまわし

古から日本人の下着だった ふんどしが形を変えてまわしへ

日本人は古来、下着にふんどしを使用しており、**相撲競技にまわしを用いるのは、裸になって力を競い合う時に、そのままふんどしが用いられ、まわしになったからだ。**つまり自然発生的に生まれたもので、当然のことながら競技用に考案されたものではない。

まわしというのは、ふんどしを腹に幾重にも回すことから名づけられた。もちろん時代の推移によってまわしの素材も形態も大きく変化してきた。

江戸初期の勧進相撲では、武家時代の白麻のふんどしをそのまま使用していたが、やがて麻のほかに繻子《しゅす》（織物組織の一つ。サテン）や緞子《どんす》（繻子の表裏の組織で文様を織り出したもの）などが使われるようになっていった。

現在、十両以上の関取が本場所で相撲を取る時に着用する締め込みは、博多織の繻子で作られている。

繻子などを使い始めた当初は、まわしの端を短いエプロンのように出して、簡単な模様をつけていた。プロとして自分をアピールしたい意識が働くのは当然で、様々な絵模様を金糸、銀糸などで縫い、華美を競うようになっていった。

そこで絵模様などを多くの人に披露するために、まわしを締めて行う土俵入りが考案された。当時は、土俵入りをする時と、相撲を取る時のまわしは同一のものだった。

「相撲取りならぶや秋の唐錦」――元禄の俳人嵐雪《らんせつ》が土俵入りの美しさを称えたとして今に伝わるが、この歌も称賛しているのは派手な取りまわしであって、現在の化粧まわしではない。

化粧まわしと分けられ、改良されていった取りまわし

取りまわしの豪華さを競うことがエスカレートしていくと、取組中に手がからんでしまうなどの支障も生じてきた。

そこで宝暦のころ（18世紀中ごろ）から土俵入り専用の化粧まわしと、締め込みと呼ば

れる取りまわしは別々に作られるようになった。化粧まわしの前の部分も徐々に長くなっていき、安永《あんえい》、天明《てんめい》のころ（18世紀終盤）には足の甲まで達する長さになり、現在まで続いている。

一方、取りまわしは端をほぐし、ひも状にして前に垂らしていたが、明治時代になるとサガリとして、別個に作って取り外しができるように改良された。

サガリは取りまわしのともぎれを使用する。横糸を織り込まず、縦糸だけで作られ、縦糸を何百本かまとめてふのりで固め、棒状にする。本数は、19が基準だが、17本や21本の関取も存在する。理由は明白ではないが、サガリの本数は、必ず奇数にしなければならない。

サガリはまわしの一部であり、たとえ取組中につかんだとしても何の問題もない。

昭和51（1976）年夏場所の大関・旭国《あさひくに》と小結・高見山との相撲では、旭国が土俵際に追い詰められた際、偶然に手にかかったサガリで出し投げを打った。サガリはまわしに挟んでいるだけなので取れやすいが、この時は何故かサガリが外れず、高見山はそのまま土俵を飛び出した。旭国としては、サガリのお陰でかなりラッキーな白星を挙げることができたことになる。

化粧まわしの帯の生地幅は、日本婦人の丸帯と同じ68センチメートル。ただし長さは2

十人十色の化粧まわしを下げた力士たちの土俵入り（毎日新聞社）

倍近い6メートル以上もある。

これを六つ折りにして腰に巻き、その先端の1メートルほどを広いまま前に垂らし、その部分に派手な図柄や文字が刺繍されている。

かつては「鉄腕アトム」や「のたり松太郎」などの漫画が描かれた化粧まわしも存在し、高見《たかみ》盛《さかり》も現役時代、愛称であるロボコップをイメージした化粧まわしを愛用していた。

露鵬と白露山の兄弟はユニークな電飾化粧まわしを使用していたことがある。ホワイトタイガーが描かれており、その口から飛び出した星の中の15個の白星が点滅するため、土俵入りの時には、観客の目を楽しませていた。

1億円超えも⁉ 個性豊かな化粧まわし

化粧まわしの多くは力士の後援者からプレゼントされるのが一般的だ。

横綱の化粧まわしは「三つぞろい」と呼ばれ、太刀持ち、露払いを務める力士と3本一組で作られる。

関脇以下の力士は、化粧まわしのバレン（化粧まわしの前垂れにつけられた下飾りの部分）に紫色を使用することは禁止されてきた。古来日本で高貴な色とされてきた紫色は、横綱・大関だけに許可してきた歴史があるからだ。

化粧まわしの値段は、80万円ぐらいからだが、上限があるわけではないので、いくらでも高価なものを作ることができる。

たとえば明治の大横綱・常陸山《ひたちやま》の化粧まわしは、紫地に月桂樹の模様があり、葉に真珠、ルビーなどの宝石がちりばめられ、真ん中には5カラットのダイヤモンドがはめ込まれているという大変ゴージャスなもの。現在の値段に換算すると、数億円は下らないといわれている。

現在の二所ノ関親方も、大関・若嶋津《わかしまづ》の現役時代、大阪在住の後援者から1億5000万円の化粧まわしを贈られたことで話題になっていた。グリーン地に銀糸で羽ばたく鷲を刺繍したもので、右足のつめで親指大のダイヤ（10カラット）をつかんでいるという、これも常陸山に劣らぬ豪華なデザインだった。化粧まわし自体の値段は約500万円で、残りの金額はすべてダイヤの代金に使用された。

意匠を凝らした豪華絢爛な化粧まわしは、大相撲の日本伝統文化としての側面を、際立たせていることは間違いない。

どれが正しい？　立ち合いの変遷

昔は1時間以上も仕切っていた!?
勝負開始を力士に委ねる不思議なスポーツ

立ち合いとは、相撲競技におけるスタートのことである。野球であれば「プレーボール」、柔道なら「始め」という主審の声で始まるが、相撲は行司という主審がいるにもかかわらず、対戦する２人によって自主的に始めなければならない。

第三者の合図なしに、競技者２人で呼吸を合わせて立つという、ほかのスポーツには見られない、相撲独自のものである。平安時代の相撲節会では、今のプロレスのようにグルグル回ってにらみ合い、機を見て取り組んだ。その後幾多の変遷を経て、江戸時代に土俵が生まれると次第に手を下ろすようになっていった。しかし冷静に考えてみると、**立ち合いには「勝つために早く踏み込みたい」、「相手に合わせなければならない」という二律背反なものが内包されている。**

戦う相手と呼吸を合わせるという矛盾したものが成立していた背景には、江戸時代から昭和2（1927）年までは、仕切りに制限時間がなかったことが挙げられる。両力士は両手をついてにらみ合い、呼吸が合うまでは、何回仕切ってもよかったのだ。相手力士に突っかけられても、立つ気がなければ待ったをして、再び仕切り直すことができた。

立ち上がった時にはお互いが納得していたので、第三者の合図がない立ち合いでも、それほど不満がでることはなかった。当時は仕切り線もなく、仕切りのたびに両力士が少しずつ前に出てきて、最後は頭と頭をつけ合うこともあった。そうなるとますます立ちにくくなり、「待った」を繰り返して、1時間以上も仕切っていたこともあったという。ところが昭和3（1928）年に相撲のラジオ中継が始まると、放送時間内に全取組を終わらせる必然性から仕切りに制限時間が設けられた。同時に、頭と頭をつけ合って仕切らないように、仕切り線も制定された。

仕切り制限時間は、当初、幕内10分、十両7分、幕下5分と、幕下でさえ現在の幕内より長かった。その後、昭和17（1942）年春場所（1月）に幕内7分、十両5分、幕下以下3分、昭和20（1945）年秋場所（11月）に幕内5分、十両4分、幕下以下3分と漸次短縮していき、昭和25（1950）年秋場所（9月）に現行の幕内4分、十両3分、幕下以下2分となった。現在でも4分以内ならいつ立ち合っても構わないのだが、ファンだけではなく、現役力士でもよくわかっていないことに驚かされたことがあった。

白鵬が63連勝を成し遂げた平成22（2010）年。名古屋場所では47連勝を達成したが、その場所中、某力士が支度部屋での囲み取材が解けて報道陣が散ったあと、相撲記者である筆者のところにつと歩み寄ってきて「明日は横綱（白鵬）戦なんだけど、どういったらいいと思う？」と聞いた。そこで「仕切りの1回目で突っかけたらどう？　双葉山や大鵬は最初の仕切りで相手力士に突っかけられたのを受けて立っているからね。まあ、両横綱とも結局は勝っているんだけど」と提案してみた。

するとその力士は「えっ、仕切りって、制限時間前に立っていいの？」とビックリしたような表情を浮かべ、「ちょっと面白いな」と言って支度部屋を後にした。

翌日の白鵬戦は、支度部屋のテレビで仕切りから注視していたが、その力士は1回目から立つ気だったため、どの仕切りも緊張感にあふれるものとなった。こうした仕切りこそ本来あるべき姿だろうという思いを強くした。

結局、白鵬は受けず、制限時間いっぱいでの立ち合いとなったが、やや動揺したようで、相撲はかなりバタついた。相手力士の右下手投げに体が傾きかけたが、何とか左上手からの投げで仕留め、薄氷の勝利で連勝を守った。

支度部屋に戻った某力士は「ちぇ、惜しかったなあ。横綱に勝ったら懸賞金を全部あんた（筆者）にやるつもりだったんだけど」と悔しそうに話した。

当時白鵬は1人横綱で、しかも連勝中だったので、かなりの懸賞がかかっていた。もちろん記者という立場を考えると、もらうわけにはいかないだろうが……。

「手をつく立ち合い」は はたして正しいのか？

昭和60（1985）年に国技の殿堂が蔵前から現在の両国に移ったが、そのことがまた一つの転機になった。「新しい国技館ではさらなる相撲内容の充実」を目的に、前年の昭和59（1984）年8月29日に立ち合いの研修会を開き、蔵前最後の場所となった同年秋場所から立ち合いの手つきが厳格化された。

しかし相撲協会の当初の目論見どおりにはいかず、手をつかなかった力士が多勢を占めていた栃若時代、柏鵬時代、輪湖時代より相撲内容が充実する状況にはならなかった。**手をつくことを強制したことにより、かえって立ち合いの様々な弊害が浮き彫りになって**

制限時間前だが、立とうとしている両力士（毎日新聞社）

いった。

手をつくことばかりにこだわったため、蔵前国技館時代の中腰の立ち合いより、さらにタイミングが合わないまま勝負が始まることが増えた。

また、手をついたほうが以前より低い体勢から立つため、立ち合いの威力は増大。一見いいことのようにも思えるが、そのせいで立ち合い勝ちしたほうが一方的に勝ってしまうケースが頻繁に見られるようになってしまった。

それほど立ち合いの重要性が増したにもかかわらず、現在のルールが公平とはいえないところに、一番の問題点がある。

上位と対戦した下位力士は、制限時間

いっぱいの仕切りでは、上位力士に敬意を表し、先に両手をついて待っていることが多い。そして上位力士が例えば右手をつき、次いで左手をつくと、その左手をついた瞬間がスタートの合図となってしまう。つまり**強いほうがスタートのイニシアチブを握れることになってしまうのだ。**朝青龍や白鵬の数々の記録達成の背景には、こうした立ち合いのルールをうまく利用している面は否めない。**制限時間制定時に、行司の声で立つようにルールを変更すべきだったように思われる。スポーツは公平なスタートから始めなければならないからだ。**

どうしても阿吽の呼吸で立つことこそが相撲だというのなら、原点に戻り、前述の白鵬と対戦した力士のように、1回目から立つ気で仕切るべきだろう。そして制限時間いっぱいの立ち合いは、両力士のタイミングが合うことが一番重要で、「必ず両手をつかなければいけない」というマインドコントロールから解放される必要がある。

相撲興行において一番大事なことは、相撲内容の充実であることに異論はないはず。あれだけ狭いサークルの中で巨体と巨体をぶつけ合うのだから、立ち合いのほんの一瞬の差が勝敗に大きく影響することは誰でも想像できる。勝負の7割を決めるとまでいわれる立ち合いだけに、相撲競技における理想的なスタートは何かをもう一度模索すべきだろう。

人気の回復策！　戦後から始まった三賞制度

最初は逆だった殊勲賞と敢闘賞
選考委員会によって選ばれる受賞者

三賞制度は、終戦後の低迷する相撲人気の回復策として、昭和22（1947）年秋（11月）場所から採用された。しかし、第1回は規定がはっきりとしておらず、殊勲賞は9勝2敗と準優勝の好成績を挙げたものの、横綱・大関との対戦がなかった出羽錦《でわにしき》。敢闘賞は1横綱・3大関を倒した小結・輝昇《てるのぼり》に与えられた。現在の基準で考えると、全く逆の受賞だった。

技能賞だけは、ネーミングがわかりやすいせいもあって、その場所において目覚ましく技能を発揮した力士ということで、当初から一貫している。

最初の三賞選考委員会では、4場所連続優勝を果たした横綱・羽黒山《はぐろやま》や、負け越した力士なども審議の対象になったという。

第2回となる翌場所の昭和23（1948）年夏（5月）場所に、殊勲賞は横綱や大関、またはその場所の優勝力士を破った力士、敢闘賞は敢闘して好成績を残した力士と、現行同様の規定を設けた。受賞資格も横綱・大関、負け越した力士は対象外となり、もし該当者が不在の場合は授賞を見送ることも決定した。

三賞選考委員会は、相撲記者クラブ員、維持員、審判委員のうちから理事長が委託した人たちで構成されている。内規によれば委員の数は45人以内とされ、任期は1年。毎場所、千秋楽に委員会が開かれ、受賞力士を決定している。

受賞できるかは運次第⁉
三賞の曖昧な選考基準

当初三賞は、横綱・大関がほぼ独占する優勝以外に、力士の士気を鼓舞する意味合いでつくられたと捉えるものが多かった。従って、優勝した場合は、たとえ三役以下でも三賞の対象から外されるケースが目立った。

昭和35（1960）年九州場所に大鵬が史上最年少の20歳5か月で初優勝を果たした時には、三賞はひとつも与えられなかった。昭和32（1957）年春場所に関脇時代の朝潮が二度目の優勝を飾った時にも三賞受賞はなかった。

その一方で、平成4（1992）年初場所に、貴花田《たかはなだ》（のちの貴乃花）が大鵬の記録を更新する19歳5か月で史上最年少の初優勝に輝くと、殊勲・敢闘・技能の三賞を総なめにした。

同場所では、前述の貴花田以外にも、曙が殊勲・敢闘のダブル受賞、若花田《わかはなだ》（のちの若乃花）が技能賞を受賞。

出島も平成11（1999）年名古屋場所で初優勝を果たし、大関昇進を確実にすると、三賞を全て受賞した。

このように大盤振る舞いをした場所があるかと思えば、平成27（2015）年初場所のように受賞は敢闘賞の照ノ富士のみと、三賞と呼ぶにはふさわしくない場所もある。

特に最近では、あまりにも三賞選考の基準を厳しくとらえている相撲記者が多いせいか、選ばれるべき力士が受賞せず、力士の間からも不満の声が噴出している。

同年夏場所では、優勝した白鵬に勝った逸ノ城が8勝を挙げたにもかかわらず、殊勲賞どころか三賞を全くもらえなかった。

平成27（2015）年夏場所まで横綱・白鵬に勝って勝ち越した力士は逸ノ城を含め28人。

初めて敢闘賞に輪島と富士桜が選ばれた昭和46（1971）年九州場所（毎日新聞社）

そのうち逸ノ城以外の27人は三賞を受賞しているのだから、いかに異例の出来事かがわかる。
初めて該当者なしとなったのは、昭和32（1957）年九州場所の技能賞だった。
技能賞はもともと三賞の中でもグレードが高いとされていたが、最近ではさらに拍車がかかっている。平成25（2013）年初場所から27（2015）年名古屋場所までの16場所間で受賞したのは、平成25（2013）年夏の妙義龍、同年秋の千代大龍、26年（2014）秋の安美錦のわずか3名。受賞者不在の13場所間に、技能賞に値する力士が1人もいなかったとはとても考えにくい。
平成26（2014）年九州から27（2015）年名古屋まで5場所連続該当者なしが続いた

が、これは平成6(1994)年秋から7(1995)年夏に続くタイ記録となっている。

三賞は各賞1人というのが原則だったが、昭和46(1971)年九州場所で、初めて敢闘賞に輪島と富士桜の2人が選出された。その後は敢闘賞を中心に、各賞とも頻繁に2人の受賞が見られるようになる。

初めて1人で三賞を独占したのは、昭和48(1973)年名古屋場所の大受《だいじゅ》で、13勝を挙げて場所後の大関昇進を確定させた。それ以前にも同等な活躍を見せた力士はいたが、大受が史上初の快挙を達成した背景には、けれん味のない押し相撲と、真摯な相撲ぶりが高く評価されたという面があった。

翌秋場所には、大錦《おおにしき》が32年ぶりに新入幕で横綱・琴桜《ことざくら》を倒すなど殊勲の星を挙げて11勝。前場所の大受に続いて2場所連続三賞独占となった。その後、三賞総なめは前述の貴乃花、出島に琴光喜《ことみつき》を加え、計5人となっている。三賞は優勝とは異なり、人による選出なので、どうしても運不運がつきまとうことはしかたがない。

しかし**記者も長年相撲を担当していると、見る目が厳しくなると指摘する声もある。**もう少しきめ細かい基準を設けて、なるべく時代によるばらつきをなくしてほしいものだ。

国技館の開館とともに発生した優勝制度

はじめはチーム対抗戦だった！優勝がなかった時代の大相撲

現在の相撲界で、本場所中に最も世間の耳目を集めるのは、なんといっても優勝争いだ。しかし、長い相撲の歴史の中で、優勝制度が確立されたのは、それほど昔のことではない。**江戸から明治にかけて、場所ごとに最優秀力士を決定するという発想は全くなかった。**

大きな転機となったのは、明治42（1909）年の旧・両国国技館の開館だった。江戸の小屋掛け時代から続いた晴天十日興行が、晴雨にかかわらず興行が打てるようになったため、「優勝」という概念も自然発生的に生まれてきた。

当初、協会が決めたのは個人の優勝制度ではなかった。なぜなら、相撲は古来、二つの勢力に分かれて戦うものだったからだ。

平安時代の相撲節会では、力士は左右の近衛府に分類され、それぞれ左相撲（左方）、右相撲（右方）と呼ばれていた。左方の力士は髪に葵の造花を、右方の力士は夕顔の造花を差して登場するという優雅なものだった。

江戸時代の勧進相撲初期には、興行を行う側を勧進元、または元方（本方）、地方から出てくる側を寄方《よかた》と区別していた。しかし元方と寄方の間でケンカや紛擾《ふんじょう》が絶えず、幕府はしばしば相撲禁止令を発令せざるを得なかった。

そこで勧進相撲の制度が整い始めた享保年間ごろから、元方を東方、寄方を西方と呼ぶようになっていった。名称が変更されても、節会相撲からの伝統は守られ、**同じ方屋同士の取組はなく、東方の力士は、西方の力士としか対戦しなかった**。

東西制は連綿と同じ形式で続いたわけではない。江戸初期のころは津軽、仙台、京、大阪、紀伊、讃岐、薩摩など、大名がスポンサーとなって力士を育成する相撲団が、全国各地に存在した。それを便宜上東西に振り分けて興行を行った。当然、ある地方の相撲団が東の番付の時もあれば、西の場合もあった。したがって、場所ごとの番付にそれほど連続性があったわけではない。

その後、江戸相撲の勢力拡大に伴い、メンバーがレギュラー化し始めた。場所と場所との関連性が出てくると、番付の成績評価的な価値がより高まっていった。

明治に入り、抱え藩に代わって相撲部屋がイニシアチブを握ると、部屋やその系統で東西を分けるようになった。首都が東京に遷されたこともあり、東上位の考えも生まれてきた。

そこで国技館オープンを機に、相撲協会は東西の勝ち星の多いほうを団体優勝と定め、優勝旗を授与。翌場所には東方に回ることになった。

当時の角界は、現在の巨人ファン、阪神ファン同様、東方（負ければ西方になる）びいき、西方びいきに二分されていた。対抗戦も当初はかなり話題を呼び、大相撲人気はさらに盛り上がりを見せた。

しかし、この対抗戦は大きな矛盾を抱えた制度でもあった。たとえば野球やサッカーの場合、優勝を果たすとその優勝に貢献した選手には、多大な恩恵が与えられる。ところが大相撲の東西対抗は、東方が大差で勝利を収めた場合、当然、東方に成績優秀者がひしめくことになる。当時、東方は東方で番付の昇降が決まっていたので、成績がよくてもそれほど番付が上がることはなかった。それどころか、勝ち越しながら翌場所の番付で地位を下げられた例すらあった。

それに対して大敗を喫した西方の力士は、勝ち越した場合の上昇幅が大きいだけでなく、東方とは逆に、負け越しながらも番付が上がった力士も存在した。

団体優勝制度導入以前から同様の矛盾を抱えていたとはいえ、大相撲はあくまでも個人競技なので、チーム戦とは相容れない部分があったのは事実だ。

優勝額が掲げられても注目されなかった「最優秀力士」

国技館開館の場所からは、国技館内に個人の最優秀力士の優勝額が掲額されるようにもなった。これはあくまでも時事新報社という新聞社の懸賞扱いだったため、東西対抗のようにあまり注目されることもなかった。

協会がノータッチだったこともあり、個人優勝を決めるには、制度面での不備も目立った。江戸時代からの引き分け、預かり（同体の場合）といったはっきり勝負をつけない制度が存続していたため、誰がその場所の最優秀力士なのか判然としない場所も多かった。

明治42（1909）年夏（6月）場所、第1回の掲額者は、前頭7枚目の高見山で、成績は7勝3分だった。大関・太刀山《たちやま》の8勝2敗とどちらがその場所のチャンピオンにふさわしいのか、にわかには判断がつかない。

それより問題だったのが、不戦勝・不戦敗がなかったことだ。Aの対戦相手のBが休場すると、Aも休場を余儀なくされるという、合理性に欠ける制度だった。大正3（1914）年夏場所は新入幕の両国が9勝1休で優勝を果たしたことになっているが、その時の横綱・太刀山の成績は8勝1預1休だった。しかも太刀山の1休は、6日目の対戦相手である小《こ》常陸《ひたち》が休場したことによるものだった。

天皇賜杯をきっかけに整備されていく優勝の制度

協会が正式に個人の優勝を制度として設定したのは、大正15（1926）年春（1月）場所になる。天皇賜杯（当初は摂政賜杯）が幕内最優秀成績者に授与されることがきっかけだった。これを機に優勝者がはっきりわかるように、制度面の変更も行われた。この場所から引き分け、預かりを廃止し、取り直し制度を導入。翌年となる昭和2（1927）年春場所からは不戦勝・不戦敗制度も確立された。

天皇賜杯はもう一つの効果をもたらした。東京大相撲が大阪大相撲を吸収合併し、大日本相撲協会が発足。日本のプロの相撲団体は、ようやく統一されたことになる。

競技方法は東西制のままだったが、昭和7（1932）年の春秋園《しゅんじゅうえん》事件（天竜《てんりゅう》・大ノ里が中心となり、角界改革を訴えて、現在の品川区大井にあった中華料理店「春秋園」に立てこもった事件）を契機に、東西制を廃止し、一門別の総当たり制を実施した。

春秋園事件では数多くの力士が協会を脱退。残留力士だけで本場所を開催することになり、窮余の策として長年の伝統を破棄せざるを得なくなったのだ。

その後、脱退力士の多くが協会に復帰しても、総当たり制は続けられた。東西制より好取組が増えたこともあり、ファンの間では好評だったからだ。折からの双葉山の快進撃も加わり、相撲は史上空前の黄金時代を迎えた。

ところが昭和10年代半ばになると、出羽海一門（一門制度については125ページ参照）の幕内力士が激増したことにより、総当たり制がうまく機能しなくなる。幕内の半分近くを占め、出羽海一門対他の一門で取組編成が行われ、実質的に東西制と同じような状態になってしまった。

しかたなく昭和15（1940）年春（1月）場所から再び東西対抗戦が復活するが、相撲ファンの注目は個人優勝のほうに移行しており、以前ほどの熱気に包まれることはなかった。

昭和11（1936）年5月場所　オール白星で初優勝の試合を持つ双葉山

終戦後、相撲人気が低迷すると、協会は次々と新機軸を打ち出していった。昭和22（1947）年夏場所には優勝決定戦制度を導入。それまでの、最優秀成績者が複数存在した場合、番付の最も上位の力士が自動的に優勝してしまうというルールを改めた。

プレーオフが行われる以前は、13日目まで横綱Aが12勝1敗、大関Bが11勝2敗で14日目を迎えた場合、Aが負け、Bが勝って相星になる以外は、Aの優勝が決定してしまう。しかも翌日の千秋楽もAが負けてBが勝つ以外にBの優勝はなく、逆転優勝が非常に起こりにくいシステムだった。

決定戦制度は、その後の優勝争いで、数々の劇的なドラマを生み出し、相撲人気を盛り上げる役目を果たすことになる。

同年秋場所には東西制を廃止し、評判のよかった一門別総当たり制に戻した。昭和40（1965）年初場所からはさらなる取組の公平化を目指し、「一門相戦わず」という長年の不文律を破棄して、現行の部屋別総当たり制実施に踏み切った。

本来なら、個人別総当たり制がベストなのだろうが、寝食を共にするという部屋の制度を考えると、実現にはかなり高いハードルが予想される。現時点では、優勝を争うのにベターな制度が確立されたといっていいだろう。

優勝制度が始まってから長い間、番付というランキングにあまりにも拘泥《こうでい》しすぎて、取組編成が硬直化している弊害があった。以前は、幕内下位が上位の力士と対戦することがほとんどなかった。上位が混戦になり、幕内下位で上位との対戦もなく平幕優勝をする例もあり、幕内の二部優勝と陰口をたたかれたこともあった。

昭和36（1961）年夏場所に、前頭13枚目の佐田《さだ》の山《やま》が平幕優勝をした時には、三役以上の対戦は千秋楽の小結・富士錦《ふじにしき》戦の1番のみ。それどころか、同場所十両優勝の清《きよ》ノ森《もり》と4日目に対戦し、黒星を喫してしまったため、史上唯一の十両優勝力士より弱い幕内優勝力士という珍事になってしまった。

こうした反省から昭和46（1971）年に「取組は、段階別に番付順位により編成することを原則とする」と明記されている取組編成要領の6条を改訂。「ただし、下位の力士をその成績により横綱・大関と取り組ませることができるものとする」という条項が加えられた。

その後は幕内下位の力士が前半戦で勝ち込んでくると、後半戦では上位との対戦が数多く組まれるようになった。平成12（2000）年に貴闘力《たかとうりき》が幕内最下位の前頭14枚目で優勝した時には、曙―武蔵丸という横綱対決を外して、13日目には貴闘力―武蔵丸、14日目には貴闘力―曙戦が組まれた。そのため最近の平幕優勝は、マイナー優勝的な感じはだいぶ薄れている。

現在では協会もマスコミも、時事新報社という1企業の懸賞にすぎなかった場所も追加公認的に加え、明治42（1909）年夏場所を個人優勝制度のスタートとしている。しかし、これまでの経緯を考えると、協会が認定し、優勝力士にふさわしい制度が整えられたのは大正15（1926）年春場所からなのは明白だ。

平成18（2006）年夏場所で、把瑠都が新入幕ながら終盤まで優勝を争うと、どのマスコミも大正3（1914）年の両国以来92年ぶりの快挙達成か、と報じていた。もし把瑠都がこの時優勝していれば、実質的には史上初の快挙だったことになる。

歴史的経緯を考えると、明治42（1909）年夏場所から大正14（1925）年夏場所の優勝掲額は、あくまでも参考記録として扱うべきだろう。

■第二章■

力士をとりまく周辺事情

日本の文化を具現化したランキング・番付

スポーツ団体らしくない!?
成績順ではないランキング

番付には力士だけではなく、行司、年寄、呼び出し等の名前も記載されているが、当然のことながら世間の関心事は力士のランキングにある。

しかし、**番付は前の場所の成績順に力士が並んでいるわけではない**。たとえば、平幕力士が優勝したとしても、角界のチャンピオン・横綱にいきなり昇進することは絶対にありえないのだ。

西洋のスポーツのようにきわめて機械的、合理的なランキングとは少々異なる。番付は、日本文化を具現する大相撲にはふさわしい、日本的な味付けがなされた順位表現といってもいいだろう。

初期の番付は大きな板に書かれた板番付で、興行場の前や、人通りの多い盛り場に掲げられた。のちに興行の規模が拡大していくと、広く告知する必要が生じたので、享保年間（1716〜1736）あたりから、木版刷りの印刷物が出現する。

当時は相撲の中心が京都・大阪で、いずれも東西が別々の紙に刷られた2枚の番付だった。横長の紙2枚のうち、1枚に「東之方」、もう1枚に「西之方」の力士の名が記載されていた。

その後、江戸相撲も勢力を持ち始めると、独自の縦1枚番付が考案された。これが現在まで連綿と続く東西を1枚に収めた縦番付で、宝暦7（1757）年から発行されるようになった。

ひと目で見やすく、画期的な番付だともいえるが、前述の通り江戸が京大阪に比べてまだマイナーな組織だったため、力士の数が足りず、2枚にする必要がなかったというのが実情だ。

ちなみに番付を書くのは、江戸時代より現在に至るまで行司が担当している。明治時代に版元の三河屋《みかわや》根岸治右衛門《ねぎしじえもん》が書いていたこともあって、相撲文字は一般には根岸流とされている。

「四段目」「五段目」もあった!?
番付の地位の呼称の由来

当初の江戸番付は「中（本中）」や「前（前相撲）」の力士も掲載されており、７段に分かれていた。しかし宝暦11（１７６１）年10月から「中」、「前」の段がなくなり、現在と同様に５段になった。その代わりに「此外中《このほかなか》角力《ずもう》前《まえ》角力《ずもう》東西《とうざい》ニ御座候《ござそうろう》」と断り書きがされるようになり、これも今日に至るまでちゃんと継承されている。

５段になったといっても、当初から現在のような地位分けがなされていたわけではない。上から上段、二段目、三段目、四段目、五段目とかなり機械的に呼ばれていた。当時は三役とそのほかの序列を示すに過ぎず、現在の幕内格は三段目の中ごろまであったと考えられている。

それが次第に整備され、文政年間（１８１８～１８３０）ごろから幕内は現在のように上段に限られるようになった。幕内の語源は、将軍上覧相撲の時に上位力士が幕の中に控えていたため、というのが通説となっている。しかし上覧相撲以前にも幕内の名称はあったという説もあり、はっきりしたことはわかっていない。

二段目は幕内の下位力士ということで幕下に変わったものの、番付面の三段目だけは当初のイージーな呼び名がそのまま残った。その伝でいくと次は四段目となるところだが、日本では古来「四＝死」をイメージするとあって、あまり縁起がよくないとされてきた。

そのため最下段の序ノ口から二段目ということで序二段、五段目は出世の上り口ということから上ノ口（明治に入って序ノ口）と各段の呼称も次第に確定していった。

また幕末ごろから、幕下の上位十枚目までの力士に給金十両を与え、関取待遇としたため、十両の俗称が誕生した。

明治21（1888）年から幕下の十枚目までが番付に太文字で書かれるようになり、それ以外の幕下力士と差別化が図られた。今でも十両の正式名称が十枚目なのは、その成り立ちに起因している。当然、当初十両は東西十枚ずつだったが、その後時代が経つにつれ枚数が多くなっていった。

力士が多すぎて書ききれない!?
試行錯誤の番付の歴史

江戸勧進相撲時代は、必ずしも強さのみで番付が作成されたわけではなく、大名の権威や、勧進元の年寄による情実などが反映されがちだった。体がビッグサイズなら、たとえ相撲が弱くても大関に付け出される「看板大関」という制度の存在や、巨漢の子どもには土俵入りだけを行わせるなど、お客の目を楽しませることに重点が置かれていた。かなり見世物的な要素が強く、人気のある力士は負けが込んでも、それほど番付が落ちない優遇措置が取られた。

現在のように純粋に本場所の成績を基準に番付が作られるようになったのは、明治15（1882）年からである。明治になって民衆の間に西洋の合理的な概念が浸透してくると、大相撲も、興行よりスポーツ的な面に軸足を移さざるを得なかったことは容易に想像ができる。

江戸の番付の役力士は、大関、関脇、小結の三役が東西に1人で2人ずつの計6人という人数がきっちりと守られていた。

初めて例外が誕生したのが文久《ぶんきゅう》3（1863）年のことだ。春場所が延期されて7月に開催された場所で、陣幕《じんまく》が関脇に張り出され、関脇が計3人になった。

張り出しとは番付の欄外に書き出された力士のことで、同地位であっても、枠内の力士のほうが上位となる。

大関に初めて張り出し力士が誕生したのは、明治23（1890）年夏場所の剣山《つるぎざん》だ。同場所は横綱免許を受けた大関・西ノ海を張り出して、番付に初めて横綱の文字を冠した歴史的な場所でもあった。

前の場所は剣山、西ノ海の2大関だったが、小錦と大鳴門《おおなると》が大関に昇進したため、前記のような処置を講じて、何とか丸く収まるように体裁を整えた。成績を重視して番付を作成すると、役力士は東西に1人ずつという不文律が通用しなくなるのは当然のことだった。

張り出し制度はその後もずっと続いたが、相撲人気が沸騰した若貴時代の平成6（1994）年名古屋場所に、突然廃止されてしまった。力士志願者が増え、力士数が激増したことが原因だった。

幕下は東西60枚ずつ、三段目は東西100枚ずつと定員が決まっている。増えた力士が定員のない序二段に押し込まれ、廃止された場所では東西ともに205枚もあった。

現在の番付の大きさは、縦58センチメートル、横44センチメートルと決まっており、張り出しを作ると、当然張り出し不在の番付に比べ、番付本体の幅が狭くなってしまう。そこに1段の東西に200人以上の名前を記入した場合、1人あたりの名前が細くなりすぎて、読みにくくなってしまう弊害が生じたのだ。

正しい番付がわからない！「張り出し」制度は復活すべき

当時の力士数を考えると、緊急避難的措置を講じざるを得なかったことは理解できるが、それでも**張り出し制度の廃止は、番付の伝統を考えると大きな暴挙といっても過言ではない。**

番付は、最上段（幕内）から最下段（序ノ口）まで、一段ずつグレードが下がっていき、同じ段なら右から左へ1枚ずつ下がっていくという大原則が貫かれている。

大関の1枚下が関脇、小結の1枚下が前頭筆頭、前頭5枚目の1枚下が前頭6枚目となっている。番付の幕内のところを見るとわかるが、前頭の文字が並んでいるだけで、何枚目などとは書かれていない。

番付の本質から平成27（2015）年九州場所の番付を見ると、東横綱・鶴竜《かくりゅう》の左の日《はる》馬富士《まふじ》は東横綱2枚目ということになり、鶴竜の1枚下という存在になってしまう。

もともと同じ役力士は全部同格という概念から、3人以上いる時は欄外に張り出したのである。同場所のように大関が4人存在する場合は、東、西、東張り出し、西張り出しの順番になり、横綱の1枚下、関脇の1枚上の地位であることに変わりはない。

最近は相撲人気こそ復活したものの、慢性的な新弟子不足に悩まされている。平成27（2015）年九州場所の番付では序二段の数も東西100枚ずつと若貴時代と比べれば半分以下の人数になっている。

以前同様、張り出す余裕がある力士数になっているにもかかわらず、いつまでも伝統を無視した番付を出し続けるのは、相撲協会の怠慢といっていい。

後世の相撲ファンにとって横綱や、大関の順番がよくわからないようなランキング表はやめて、伝統に則った番付をすぐにでも復活させることを望みたい。

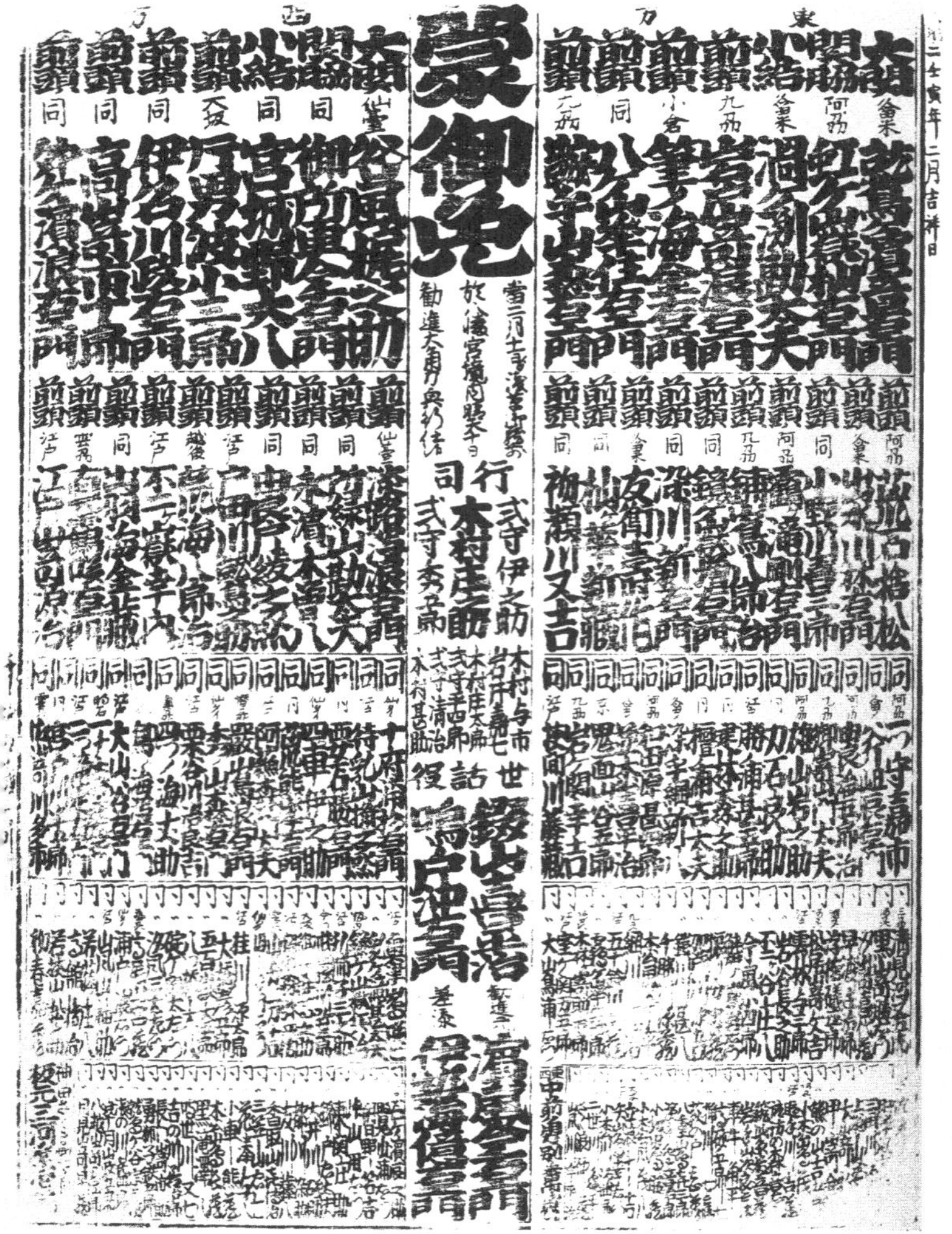

天明２（1782）年２月の番付
西方の大関に四代目横綱・谷風の四股名が確認できる

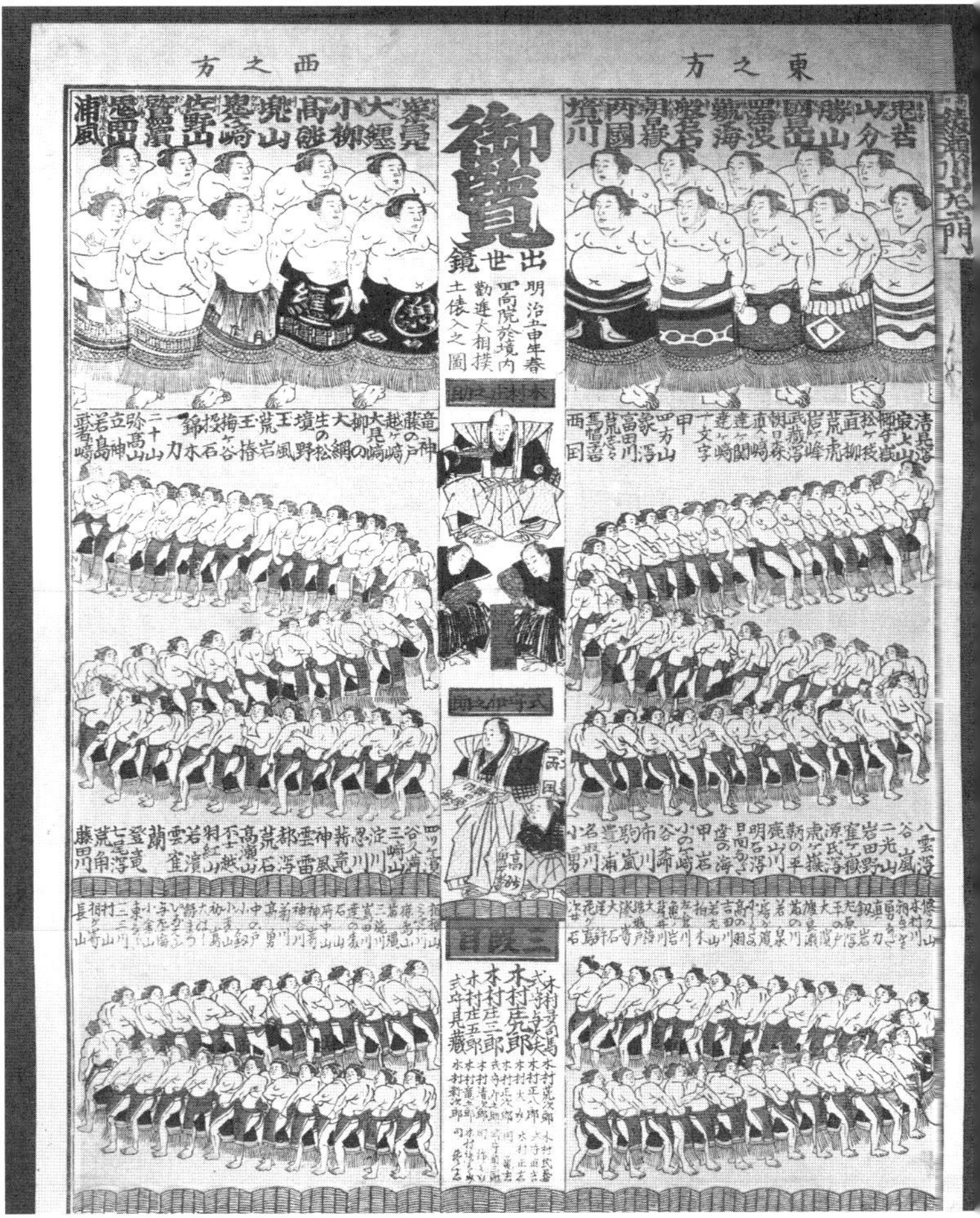

明治５（1872）年春（１月）場所の絵番付（部分）　２代目国輝画
寛政のころに描かれ始め、墨刷り、多色刷りが残されている

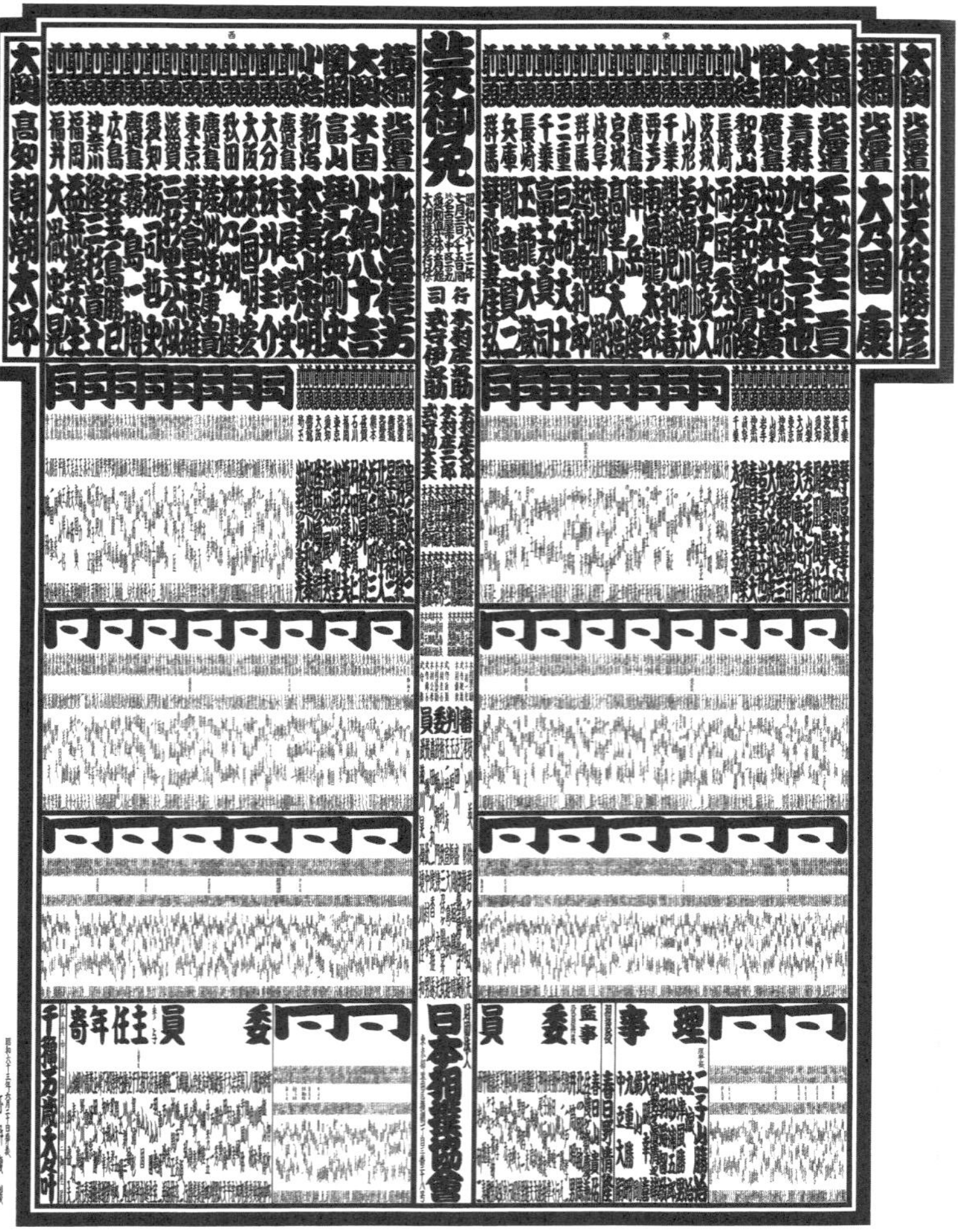

昭和 63（1988）年名古屋場所の番付
東方に横綱と大関が、西方に大関が張り出されているのがわかる

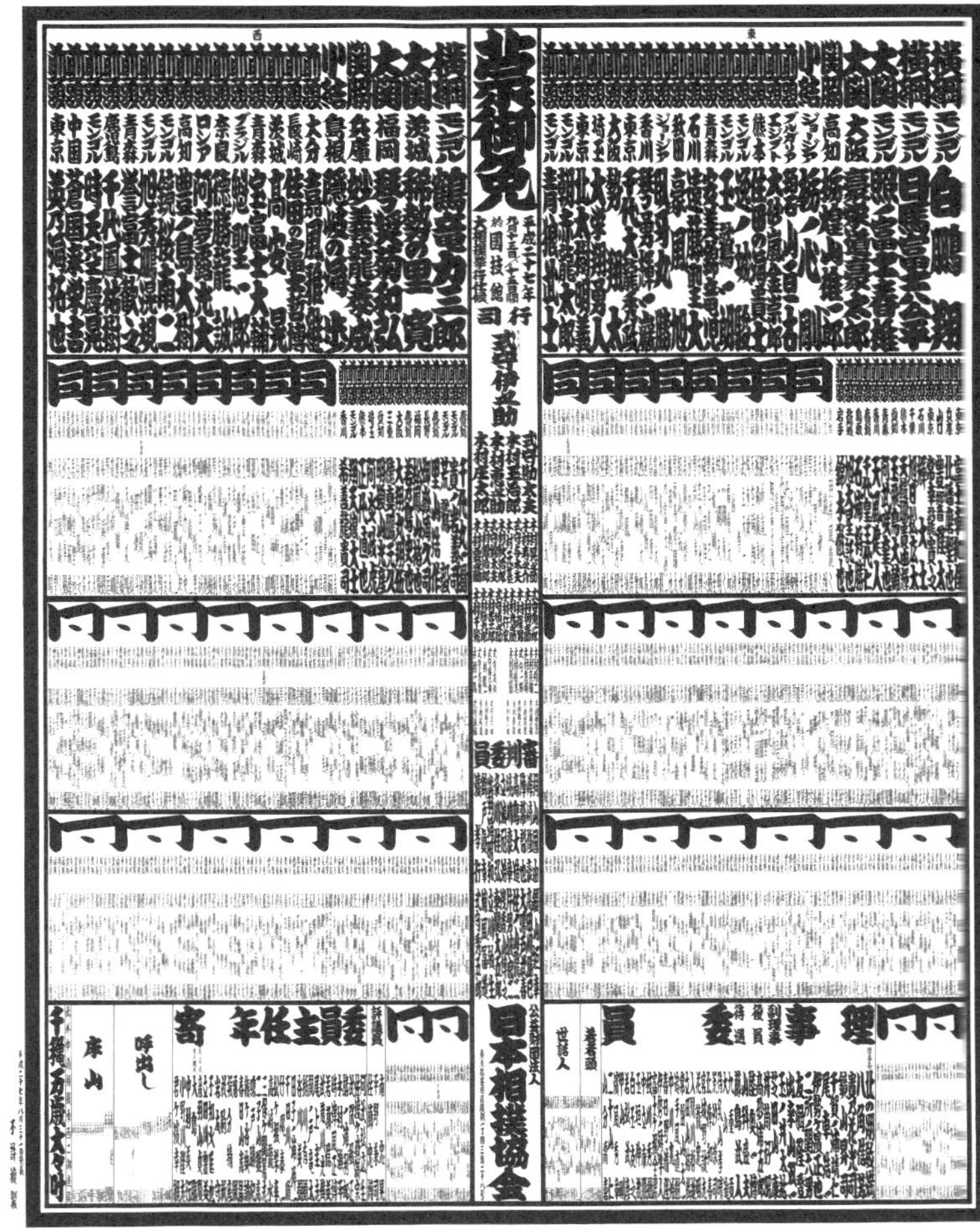

平成 27（2015）年秋場所の番付
横綱が３人、大関が４人いるが、すべて欄内におさまっている

相撲界独自の給料システム

時代の変化とともに変わっていく力士の給料

相撲界では、昔から給料が支払われるのは「関取」と呼ばれる十両・幕内だけである。現在の力士数は約６００人だが、そのうち関取は、わずか70人しか存在しない。「力士養成員」という立場の幕下以下は基本的に無給で、場所ごと（年６回）に手当が支給される。現在の支給額は幕下15万円、三段目10万円、序二段８万円、序ノ口７万円。もちろん衣食住は部屋で保証されているとはいえ、関取にならなければ安定した生活が送れない厳しい世界だ。

力士の収入は幾多の変遷を経て今に至っている。江戸時代のことははっきりとはわかっていないが、大名お抱え力士は士分扱いされ、家臣と同格の待遇だった。２００石という破格の力士も存在したが、一般的には足軽クラスで、平均すると5人扶持（年間25俵）程度が支給されていたといわれている。

明治当初は筆頭・筆脇らの実力者が相撲会所を牛耳っており、自分たちの分を取ったあと、残りのお金を皆に分配していた。他の年寄は興行収益も知らされず、力士たちも自分の給金がどのくらいなのか、ほとんど知らないというルーズな状態だった。

こうした旧体制を打破するため、明治6（1873）年に高砂浦五郎《たかさごうらごろう》（元幕内・高砂）が改革を訴えた。賛同する者が多く、明治22（1889）年の「東京大角力協会申合規約」に、ようやく年寄、幕下十枚目（現在の十両）以上の力士には、地位に従って給金を支給することが明記された。

大正時代には本場所の総売り上げの7パーセントを十両以上の歩方金《ぶかたきん》として分配し、関取は歩方金プラス、後述する持ち給金の支給形態であった。

場所前に支給されていた歩方金を廃止し、月給制が導入されたのは、昭和31（1956）年5月。歩方金時代は、本場所の収益を一定の割合で分配していた。そのため多少、収入が不安定な面があったが、毎月決まったサラリーが支給されるようになり、力士の生活はより安定するように改善された。

発足当時の給与は横綱15万円、大関10万円、三役7万5000円、幕内4万5000円、十両3万円だった。

その後物価の上昇に合わせ、毎年のようにベースアップを果たしていった。しかし、相撲人気の低迷や日本経済の不況などもあり、平成13（2001）年から据え置かれたままで、横綱282万円、大関234万7000円、三役169万3000円、幕内130万9000円、十両103万6000円となっている。

横綱は十両の3倍にも満たず、大きな差がないことがわかる。プロ野球などは、トッププレイヤーと二軍の選手では、100倍ぐらいの違いがある。

プロの世界において、給料に大きな差をつけないことは「悪平等」といっても過言ではない。上を目指すより、安易に現在の地位を守ろうとする意識が働く弊害も指摘されている。

月給制度以前の歩方金だった時代には、幕内を1とすると、十両0・5（その後0・7）、三役1・7、大関2・7、横綱3・7で支給されていた。

当時を知る元横綱栃錦の春日野親方は、理事長時代に「月給は幕内を1としたら、十両0・5、三役2、大関3、横綱4ぐらいの差をつけるのが理想だ」と自説を述べていた。

春日野案を現在の月給に当てはめ、十両を現行の103万6000円で計算すると、幕内207万2000円、三役414万4000円、大関621万6000円、横綱828万8000円となる。

協会の台所事情を忖度すれば、月給800万円を実現するのは不可能かもしれないが、上位陣、特に角界の頂点を極めた横綱は、もう少しベースアップが必要だ。月給だけを提示されると、優勝回数に差のある横綱や、平幕でもベテラン力士と新入幕の力士が同金額ということに違和感を覚える人は多い。

大相撲が生んだ独自のシステム！ 持ち給金の仕組みって？

それでも力士の間から不満の声が上がらないのは、**番付に応じた給与とは別に、場所ごとに褒賞金が支払われるからだ。**つまり相撲界の給与は、「基本給」と「能率給」の二本立てとなっている。

褒賞金は、かつて時《とき》津《つ》風《かぜ》理事長（元大関・豊山《ゆたかやま》）が、「先人の素晴らしい知恵」と自画自賛したほど合理的なシステムだ。俗に「持ち給金」とも呼ばれ、少々複雑な仕組みとなっている。

まず序ノ口に番付が載れば、3円の基本金がカウントされ、以後、勝ち越し1点につき50銭が加算される。たとえば4勝3敗（幕下以下は1場所7番）や8勝7敗なら勝ち越し1で50銭、6勝1敗や10勝5敗なら勝ち越し5で2円50銭のアップとなる。

よく8勝目を給金を直すというが、この持ち給金がその根拠となっている。ちなみに負け越しても持ち給金が下がることはない。

50銭とか3円とかあまりにも現代の金銭感覚と離れているようだが、金額はあくまでもモノサシにすぎない。実際はその時の物価に合わせて倍率が決められ、それに乗じたものが褒賞金となる。

現在は4000倍され、これも十両以上の関取に、場所ごとの年6回支給される。横綱には150円、大関100円、幕内60円、十両40円という最低補償額があり、それぞれの地位に出世した時点で最低補償額に満たない場合は、引き上げられる。幕内力士になれば、優勝30円、全勝優勝50円、金星10円の特別増金も存在する。

平幕力士の場合、たとえ12勝3敗の好成績を挙げても、優勝しなければ4円50銭しか上がらない。それに対し1勝14敗でもその1勝が横綱を倒した金星なら10円が加算される。平幕力士が横綱を倒すことに、いかに高い査定を与えているかが理解できる。

持ち給金は、前述の通り優勝による加算が一番大きなウエイトを占める。長い間、32回優勝の大鵬の１４８９円50銭が最高額だったが、白鵬が優勝記録を更新したため、１６９５円（平成27年九州場所終了現在）とナンバーワンの座についている。

３位以下は千代の富士１４４７円50銭、北の湖１２１６円、朝青龍１１５２円、貴乃花１０６０円といずれも優勝回数20回超えの横綱が並ぶ。ちなみに１０００円を超えたのは前述の６人だけとなっている。

持ち給金の倍率は、平成10（１９９８）年1月にそれまでの２５００倍から４０００倍にアップされて以降、月給以上に長い間変わっていない。

大鵬が32回目の優勝を果たした昭和46（１９７１）年の持ち給金の倍率は、１０００倍。大鵬の持ち給金は約１４００円だったので、場所ごとに約１４０万円、月額約70万円が支給されていた。

当時の横綱の月給が28万６０００円だったことを考えると、いかに当時は持ち給金のほうに比重が置かれていたかがわかる。

白鵬の持ち給金は史上最高の１６９５円だが、４０００倍すると６７８万円、月額にすると３３９万円と月給とさほど差がない。

今の月給は昭和46（1971）年の約10倍、当時100万円だった優勝賞金は現在1000万円と、これも10倍になっている。バランスを考えると、1000倍だった持ち給金は、1万倍でも不思議ではない。

月給を上げるのが難しいなら、力士の励みという意味でも、持ち給金の倍率を見直す時期にきているのは間違いない。

優勝賞金も1000万円では、ゴルフやテニスなどと比べると、かなり見劣りする。もし5000万や1億円などのビッグマネーを手にできるとなると、早々とあきらめてしまう上位陣も減り、より熾烈な賜杯レースが展開される可能性がある。

平成27（2015）年のプロ野球の年俸は、5億1000万の阿部慎之助（読売ジャイアンツ）を筆頭に1億円プレーヤーが91人も存在する。そしてダルビッシュ有や田中将大のように、大リーグに活躍の場を転じると、何十億という大金を手にすることも夢ではない。

子どもに人気のあるものが「巨人・大鵬・卵焼き」といわれた昭和40年代の前半は、長嶋茂雄や王貞治が3000万から4000万の年俸だったのに対し、大鵬の年収は2000万を超えていた。当時の角界トップは、野球では5番目ぐらいの額に匹敵していた。

ところが現在の角界で1億を超えるのは、横綱の日馬富士あたりで微妙なライン。最多優勝回数を誇る白鵬の年収は、公表はされていないものの、推定で2億オーバーは確実といわれている。それでも野球の年俸ではだいたい30番目ぐらいとなってしまう。

また、モンゴル巡業に取材で同行したことがあるが、その時の物価は日本の10分の1というのが実感だった。

つまり日本で1億稼げば、モンゴルでは10億ぐらいの価値があるということになるため、ジャパニーズドリームを求めて、素質に恵まれた若者が、次々と来日する一因にもなっている。

それに対して日本人にとって今の相撲界は、体をコンタクトさせる過酷なスポーツの割には、金銭的に恵まれているとはとてもいえない。

開きすぎる他競技との報酬の格差は、魅力ある人材集めをより困難にしている。日本人の強い力士を育てるためにも、もう少し待遇アップを図ることを検討するべきだろう。

現在のラッシュに続く懸賞金制度の変遷

昔は現物支給だった！ 懸賞金の変遷

優勝制度などとは関係なく、特定の取組にかけられるのが懸賞金だ。相撲における懸賞の歴史は古く、平安時代の相撲節会には、米や布地などの現物が勝者に贈られていた。武家時代にもその慣習は続き、武士にとって最高の贈り物である弓、矢、そして刀などが対象となった。現在でも、千秋楽の役相撲に与えられる弓、弦、矢にその名残を見ることができる。

江戸の勧進相撲でも錦絵に、土俵上で化粧まわしなどが贈呈されている様子が描かれている。その後もほとんどの懸賞が酒などの品物中心であった。

戦時中は懸賞も自粛されていたが、戦後の昭和24（１９４９）年に復活。当時はまだ物不足で、勝者に贈られる懸賞は主に食料品が中心だった。

懸賞金を受け取る初代若乃花（毎日新聞社）

昭和27（1952）年から8000円相当の品物と一応の目安ができ、昭和30（1955）年1月から「懸賞は一律1万円、または1万円以上の商品」と決定された。以後、現物による懸賞はほとんど姿を消すことになる。

金額の変遷は昭和47（1972）年1月から1万5000円、昭和50（1975）年1月から2万5000円、昭和57（1982）年1月から4万円、平成3（1991）年5月から6万円とアップしていき、平成26（2014）年5月から現行の6万2000円となった。

現在では、6万2000円のうち取組掲載料、場内放送料、垂れ幕を持って回る呼び出しへの手数料など計5300円が差し引かれ、さらに源泉徴収や総合所得税などの税金対策に協会が

２万６７００円をプールしている。したがって、勝ち力士が受け取る懸賞金の袋の中に入っているのは、１本につき３万円。懸賞を申し込む側は６万２０００円のほかに、懸賞旗の制作費に４、５万円が必要となる。

懸賞の数は注目度の高さ！ファンが選出する懸賞も？

原則的に幕内限定となっているものの、昭和30年代には十両の取組にも懸賞がかけられることがたびたびあった。昭和40年代以降では、昭和45（１９７０）年秋と九州の２場所連続で、十両の輪島―長浜《ながはま》（のち豊山）戦に懸賞がかけられたことがあったが、それ以降は、現在まで懸賞は幕内のみとなっている。

学生時代からライバルとしてしのぎを削り、鳴り物入りで角界に入門してきた輪島と長浜。プロでの対決当初は、若き日の大鵬―柏戸戦並みの注目を集めた事実がうかがえる。

また、森永製菓は、昭和27（１９５２）年春（１月）場所より、その日の入場者の投票で一番に選ばれた取組に、「森永賞」という懸賞をかけている。ファンが選出するその日のベストバウトなので、通常は上位の取組になるが、平成２（１９９０）年夏場所初日には、新入幕だった貴花田（貴乃花）と旭里《あさひさと》の取組が選ばれた。この時は貴花田が勝利を収め、新入幕初日に「森永賞」の懸賞金を獲得するという快挙を達成した。

いかに当時の貴花田に対するファンの期待が大きかったかを物語るエピソードだといえよう。

景気の動向にも左右されるが、以前は懸賞金の数が相撲人気のバロメーターといわれていた。ところが最近では、人気がかなり低迷した時期でも、相撲ブームの時以上の懸賞がかけられるようになっている。

昭和時代に最も多く懸賞がかかった取組は昭和39（１９６４）年初場所14日目の大鵬―栃ノ海《とちのうみ》戦と、同場所千秋楽の栃ノ海―豊山戦の26本。次いで昭和36（１９６１）年初場所11日目の大鵬―柏戸戦、昭和39（１９６４）年初場所千秋楽の大鵬―柏戸戦には25本の懸賞がかかった。平成以前に本数が25本を超えたのは、その４カードのみだった。

規制緩和によって どんどん増える懸賞金の数

その後長い期間、一つの取組に懸賞が集中することはなかったが、平成14（２００２）

年名古屋場所千秋楽の武蔵丸―千代大海《ちよたいかい》戦で、久しぶりに25本の懸賞。そして平成16（２００４）年初場所の朝青龍―千代大海戦で、40年ぶりに新記録となる27本の懸賞がかかると、堰を切ったように懸賞の数は増えていった。

平成18（２００６）年秋場所千秋楽の朝青龍―白鵬戦には51本（50本＋森永賞）と、初めて50本超えを果たした。ただしあまり多くの懸賞旗が土俵を回ると、進行に支障が生じる関係で、協会もこの時の50本を一応上限と定めていた。

その後しばらくは、どんな人気の取組も、51本を超えることがなかったが、その不文律も平成27（２０１５）年には破られることになった。初場所千秋楽の白鵬―鶴竜と、秋場所千秋楽の鶴竜―照ノ富士戦で、なんと史上最多となる61本もの懸賞がかけられたからだ。

懸賞の総本数が一番多かった場所は、平成27（２０１５）年秋場所の１９７９本。１場所で一番懸賞を獲得したのは同年初場所の白鵬の５４５本となっている。

朝青龍、白鵬の時代が、栃若や柏鵬、あるいは貴乃花といった相撲黄金時代に比べ、人気が高いわけではないことは周知の通り。

懸賞が激増した背景には、協会による規制緩和があった。明文化されてはいなかったものの、かつては1企業が一つの取組に複数の懸賞をかけることを認めていなかった。

土俵に乗り切らないほどの懸賞金がかかった取組（毎日新聞社）

平成13（２００１）年、永谷園が「やや人気が低迷している大相撲界に、何か話題性を提供したい」と高見盛に何本かの懸賞をかけることを提案。相撲協会は長年の慣例を破り、これを許可した。

同じ企業の懸賞旗が土俵上をグルグル回ることは、想像以上のインパクトを与えた。また、低料金の割に高い宣伝効果が得られると、多くの企業が相撲の懸賞に着目し、名乗りを上げるようになっていった。

永谷園によって端緒が開かれたことが、今日の懸賞ラッシュに繋がっている。

稽古と広報を兼ねそなえた巡業

本場所との二本立て！
巡業は普及と発展の場

公益財団法人である相撲協会は、相撲の普及と発展に努めなければならない。各地を巡る巡業は、本場所と並ぶ二本柱と位置づけされているほど重要なものだ。

現在は春場所後の春巡業、名古屋場所後の夏巡業、秋場所後の秋巡業、九州場所後の冬巡業と年4回行われる。

春巡業は関東・東海・近畿、夏巡業は東北・北海道・信越、秋巡業は東海・北陸・関西・中国・四国、冬巡業は九州・沖縄と、回るコースもほぼ決まっている。

タイムスケジュールは、午前8時から公開稽古。その後、序二段から幕内までの取組が行われ、午後3時打ち出し（終了）となっている。関取の稽古は午前9時ごろに始まり、11時前には終了する。

また、巡業には、十両や幕内の取組前に、本場所では見られない余興も用意されている。関取がまわしを締めた子どもを相手にする「ちびっ子相撲」、相撲の禁じ手などをコミカルに解説する「初《しょ》っ切《き》り」、床山が関取特有の大銀杏を土俵上で結い上げる「髪結い実演」、独特の節回しで相撲情緒をかもし出す「相撲甚句《じんく》」、付け人たちが横綱の腰に綱を締め上げる「綱締め実演」などだ。

地方巡業の歴史は、それほど明白ではない。江戸勧進相撲の組織、制度が整う以前は、現在のように本場所と巡業の区別が判然としていなかったからだ。

したがって巡業は、大相撲が職業として認められた江戸時代から、３００年前後の歴史があるということになる。

遠い昔はともかく、昭和32（１９５７）年までは、一門別の巡業が主流だった。出羽海一門、二所ノ関一門、高砂一門など、五つや六つの一門ごとに分かれて全国各地を回っていた。

ところが昭和33（１９５８）年の年６場所制発足を機に、巡業のほとんどが大合併で行われるようになった。

大ブームに乗っかった自主興行で巡業が激減⁉

巡業は長い間、地元企業や有力者などの勧進元が、相撲協会から一定のギャランティで興行権を一括して買い取る「売り興行」が主体で、入場券収益は勧進元のものだった。特に巡業の価値が高まったのが、平成3（1991）年ごろから貴乃花を中心とした「平成の相撲ブーム」の時だ。

当時はどこの巡業地も超満員のお客であふれ、館内はものすごい熱気に包まれていた。勧進元にはたとえ1日興行でも、多額の利益が見込まれたため、巡業開催を申し込んでも、2、3年待ちが当たり前の状態が続いた。

これに目をつけた協会は、平成7（1995）年に長い間の慣例を破って巡業の大改革を断行。「みんなの待遇をよくするため」と当時の出羽海親方が明言したとおり、利益のほとんどを協会が独占する協会の「自主興行」に変更された。

巡業改革以前は小規模な会場でも行われていたが、基本的には5000人収容規模の体育館のみの興行となったため、露天興行や、小さな町や村を回ることはなくなった。また、

平成10年代の巡業中の体育館での稽古のようす

ちゃんこの廃止などで、地元の人との交流や接触も激減した。

相撲はもともと五穀豊穣を願う宗教的儀礼として発展してきた面がある。**草の根的に相撲界を支えていた関係者をややおろそかにしたことが、その後の新弟子発掘などに支障をきたした面は否定できない。**

当初は順調だった「自主興行」だが、その後の相撲人気の陰りとともに事業収益が悪化。巡業形態を見直さざるを得なくなり、平成14（2002）年度の猶予期間を経て、平成15（2003）年から再び元の「売り興行」に戻した。こうしたご都合主義による制度の変更は、勧進元の不興を買い、巡業開催は減少の一途をたどった。

平成４(１９９２)年の巡業開催日数は、本場所より多い92日間。それが平成17(２００５)年にはわずか15日間しか行われず、八百長メール騒動が起きた平成23（２０１１）年には１日も開催されなかった。

平成27（２０１５）年は相撲のプチブームもあり、57か所62日間開催と、巡業の日数も回復傾向にある。

それでも、一番儲かるときに興行権を取り上げられたこともあって、赤字覚悟でも引き受けてくれる「タニマチ」的な勧進元は激減してしまった。人気に陰りが見えた時には、また厳しい状況になることが懸念される。

番付に関係のない巡業の取組は、本場所ほど力の入ったものではないのは周知の事実。それでも巡業にリピーターが数多く存在するのは、握手会などファンと力士の交流の場があることや、前述の通りテレビでは見られない様々なアトラクションが理由だろう。

巡業は最高の修行！
部屋の垣根を越えた稽古が見どころ

現在でもそれなりに魅力のあるイベントであることは間違いないが、**巡業の最大の目玉**

はなんといっても稽古でなければならない。相撲の稽古は普段、部屋単位やせいぜい一門別でしか行われない。巡業はすべての力士が参加しているので、苦手力士克服の糸口を探すなど、格好の「武者修行」の場といっていい。

またぶつかり稽古では、上位陣が部屋とは関係なく若手有望力士を鍛え上げ、次代の育成に努めなければならないとされてきた。

ぶつかり稽古とは、部屋でも巡業でも稽古の仕上げに必ず行われるもので、受けるほうとぶつかるほうに分かれる。受けるほうは腰を割り主に防御の稽古、ぶつかるほうは、押す力や出足を磨き、倒れる時に受け身の形を習得する。

ハードなのは当然ぶつかるほうなので、終了を決める権利は受ける力士にある。ぶつかる力士は、時には砂まみれで土俵にダウンすることもあるが、受けるほうがまだ鍛練が足りないと思えば、無理やりでも起き上がらせて続けられる。

特に「かわいがり」と呼ばれる長いぶつかり稽古は、どの力士に聞いても一番辛いと口をそろえる。

巡業の稽古は基本的に勝ち抜きの申し合いが主体となる。数多くの力士が土俵を囲み、勝った力士の指名を受けようと力士が殺到するのは、巡業名物ともなっている。

特例となるのは横綱・大関だけで、たとえ負けても続けて何番も稽古をすることが許されている。ただし1人で土俵を独占すると、他の力士の稽古時間に支障をきたすため、せいぜい10番程度。それも横綱・大関の人数が多い時には、全員が稽古に励むことは難しい。一門別で巡業を行っていた時は、数多くの番数をこなさないととても間が持たず、稽古をせざるを得ない状況だった。

2人だけで何十番、時には１００番以上もこなす、俗にいう「三番稽古」も頻繁に行われていた。

巡業の減少で変わった稽古のあり方

年6場所制と歩調をあわせて巡業が大合併になると、稽古量は当然のごとく減少した。それでも昭和40年代ぐらいまでは露天での興行も多く、本土俵が使えない時には、空き地に円を描いて行う「山稽古」と呼ばれる即席土俵で、多くの力士が稽古に励んだ。

昭和38（１９６３）年の読売『大相撲』9月号の夏巡業のルポを見ると、小学校の特設相撲場で行われた根室市の巡業では、本土俵以外に特設土俵が二つあり、そのほかグラウンドでは山稽古も行われていた。

十分に鍛練できる環境のため、午前5時ごろから若い衆は稽古に励み、5時半を過ぎると早くも関取衆が加わっている。

横綱・大関も十分に時間が取れることもあって、大鵬などは、大関4、5人を相手に30番以上こなすことがたびたびあったと、猛稽古伝説が現在まで語り継がれている。

当時は「巡業で猛稽古をこなし、番付発表後は調整期間に充てる」のが理想の調整方法とされていた。

特に例年1か月を超えるロングランだった夏巡業は、本場所に次ぐビッグイベントとされ、「強くなるもならぬも夏巡業次第」とまでいわれていた。

昭和の大横綱・双葉山もその著書『横綱の品格』(ベースボールマガジン社新書)の中で、「場所前にあわててやる泥縄式の稽古では、むしろ疲れるばかりです。場所前の稽古の『仕上げ』にあたるものですから、やはりなんといっても、長い巡業中のたゆまぬ精進がものをいうのです」と指摘。

もちろん年2場所制と6場所制の違いもあり、一概に比較できない面もあるが、巡業の稽古が大切なことは、いつの時代も変わりがないはずだ。

巡業の猛稽古で知られた横綱初代・若乃花の二子山《ふたごやま》親方は、昭和47（1972）年夏巡業では、仙台市先発担当だった。

その時の稽古を見た同親方は「稽古というものは、四股、鉄砲で一汗かき、三番稽古をみっちりやってさらに汗をかく。申し合いが終わったらぶつかり稽古、そこでまた四股で締めくくる。これが本当だ」と持論を語っていた。

当時は、今より巡業の稽古量が多かったものの、それでも稽古量が少ないと不満をもらしていたことになる。

巡業日数が少なくなった時期が長かったことは、力士のコンディション作りも変えた。最近は、力士の間でも巡業で稽古することの目的を見いだせないでいるのが現状だ。平成27（2015）年の秋巡業初日は、栃木県の宇都宮市で行われたが、幕内で稽古を敢行したのは、平幕のわずか4力士だった。

しかし前述の通り、関取70人に対し、2時間弱の稽古時間では、どうやりくりしても十分とはいえない。

特にメインとなる幕内の稽古時間も、多くて1時間半程度。従って幕内42人中、申し合いに参加できるのは半数以下となる。番数も多い力士でも20番程度で、稽古ができたもの

屋外に設けられたサブ土俵で汗を流す力士たち

の、芽が出ない（勝てない）と1、2番で終わってしまう力士も多い。

今の巡業形態では関取全員が稽古することができないため、多くの力士に巡業稽古に意欲を燃やされても困るのが現状だ。

あまり意味のあると思えぬ幕下以下の取組を削ってでも、関取の稽古時間に充てるべきだろう。風呂や昼食の時間確保のためにスケジュールを変えられないなら、地元力士以外の十両を巡業不参加にするなどの方策も視野に入れる必要がある。

また、稽古の場所が少ないことも問題だ。「自主興行」は、「稽古の充実を図る」という目的もあったため、どこの巡業地にも館内の本土俵のほかに、体育館横に必ずサブ土俵が用意されていた。

設営には300万円程度の金額が必要とされるサブ土俵は、1日興行ではどうしても敬遠されがちとなり、いつのまにか姿を消してしまった。相撲内容の充実を図るためには、協会が費用を負担してでも、巡業地には必ずサブ土俵は作るべきだろう。

平成27（2015）年は巡業日数が増えたこともあり、稽古に関しては現役力士からも不安の声が上がり始めている。同年締めくくりとなる冬巡業を終えた横綱・白鵬は「朝稽古は東方、西方と分けて、1日おきに休みを決めるといい稽古ができるのでは」と提案していた。

もちろん現在でも、普段から厳しい稽古に励んでいる部屋もある。その一方で巡業中はほとんど稽古を行わず、場所の13日前の番付発表後が稽古のメインという双葉山のいう「泥縄式的」な力士が数多く存在するのも事実だ。本格的な稽古が、わずか2週間弱では、プロ相撲として鍛練不足のそしりはまぬかれまい。

本場所で中身の濃い相撲を見せるためには、日頃の鍛練が大事なのは言うまでもない。普及のために巡業地を増やすことも大事だが、日数が増加傾向にある今こそ、もっと巡業で稽古ができる環境を整えることを真剣に考えなければならない。

「裸の大使」として世界各国で大活躍！

巡業は、時には海外でも行われ、正式には海外興行として、「公演」と「巡業」の2種類に区別される。

「海外公演」は相撲協会の公式行事で、外国との国際親善、文化交流を目的とする民間の文化使節団要素が強い。一行の旅費なども全て協会の負担となっている。

「海外巡業」は国内同様、商業ベースで開催されるので、相撲協会巡業部の管轄。興行に必要な経費やギャラをスポンサーである勧進元に請求することになる。

海外興行のパイオニアは、明治38（1905）年の朝鮮・中国東北部（旧・満洲）巡業といわれている。

京都相撲の手柄山・陣幕一行60人に、東京相撲を脱退した大江山《おおえやま》と小松山《こまつやま》が加わり、釜山《プサン》、京城《けいじょう》、平壌《ピョンヤン》、旅順《りょじゅん》、鉄嶺《てつれい》、奉天《ほうてん》などを4か月もかけて回った。

明治の大横綱・常陸山は、明治40（1907）年に門弟の幕下・近江富士《おうみふじ》、和歌ノ浦《わかのうら》、平田山《ひらたやま》の3力士と柔道家の佐竹信四郎を伴って、力士として初めてアメリカの地を踏んだ。

常陸山はルーズベルト大統領の前で、肉じゅばんのシャツを着て横綱土俵入りを披露し、その後稽古相撲を見せるなど、「スモウ」を大いにアピールすることに成功した。

その時常陸山は、マゲのせいで女性と間違えられ、なおかつ見事な太鼓腹だったため、妊娠していると思われた、というユニークなエピソードも伝わっている。

海外巡業が最も多いのはハワイだが、その第1回は大正3（1914）年7月に、東京相撲太刀山・鳳一行で開催された。現在なら飛行機に乗れば7時間程度で着くハワイだが、当時は片道10日間も汽船に揺られ、太平洋を渡った。夜7時からのナイター興行だったにもかかわらず、連日お客さんであふれたという。

現役を引退し、出羽海親方となった常陸山は、大正4（1915）年に横綱・梅ケ谷以下37力士を引き連れ、サンフランシスコ博覧会参加という名目で再びアメリカに渡った。フレズノ、ロサンゼルス、サクラメント、シアトル、カナダのバンクーバーと回って、再びサンフランシスコに戻ってくる強行軍だったが、パンツの上にまわしを締め、各地で3、4日ずつの興行を開催。どこでも大盛況だった、と報じられている。

角聖と謳われ、角界史上最も器の大きい人物として知られる常陸山らしい、破格のスケールを誇るビッグイベントだった。

海外巡業

昭和37年 5月29日～ 6月 6日	ハワイ巡業	幕内主力
昭和39年 2月 6日～ 2月18日	ハワイ・ロサンゼルス巡業	幕内全員
昭和40年 7月25日～ 8月10日	モスクワ・ハバロフスク公演	幕内全員
昭和41年 2月16日～ 2月22日	マカオ巡業	幕内24名
昭和41年 6月 7日～ 6月21日	ハワイ巡業	幕内全員
昭和45年 6月 8日～ 6月17日	ハワイ巡業	幕内全員
昭和47年 1月31日～ 2月 8日	ハワイ巡業	幕内全員
昭和48年 4月 3日～ 4月17日	北京・上海公演	幕内・十両全員
昭和49年 6月 4日～ 6月12日	ハワイ巡業	幕内全員
昭和51年 6月 2日～ 6月15日	ハワイ・ロサンゼルス巡業	幕内全員
昭和56年 6月 1日～ 6月 6日	メキシコ公演	幕内・十両全員
昭和56年 6月 6日～ 6月16日	サンノゼ・ロサンゼルス巡業	幕内全員
昭和59年 5月29日～ 6月 5日	ハワイ巡業	幕内全員
昭和60年 6月10日～ 6月19日	ニューヨーク公演	幕内全員
昭和61年10月 7日～10月16日	パリ公演	幕内全員
平成 2年 6月 4日～ 6月15日	ブラジル公演	幕内全員
平成 3年10月 5日～10月16日	ロンドン公演	幕内全員
平成 4年 6月 8日～ 6月19日	マドリード・デュッセルドルフ巡業	幕内全員
平成 5年 2月 5日～ 2月 9日	香港巡業	幕内全員
平成 5年 6月 3日～ 6月13日	サンノゼ・ハワイ巡業	幕内全員
平成 7年10月 6日～10月17日	ウィーン・パリ公演	幕内全員
平成 9年 6月 3日～ 6月16日	メルボルン・シドニー公演	幕内全員
平成10年 6月 2日～ 6月10日	カナダ公演	幕内全員
平成16年 2月12日～ 2月20日	ソウル・釜山公演	幕内全員
平成16年 6月 3日～ 6月11日	北京・上海公演	幕内全員
平成17年10月 4日～10月12日	ラスベガス公演	幕内全員
平成18年 8月17日～ 8月21日	台湾巡業	幕内全員
平成19年 6月 7日～ 6月12日	ハワイ巡業	幕内全員
平成20年 6月 4日～ 6月10日	ロサンゼルス巡業	幕内全員
平成20年 8月25日～ 8月30日	モンゴル巡業	幕内全員
平成25年 8月22日～ 8月27日	ジャカルタ巡業	幕内全員

アメリカ国内を移動中の船内では、158センチメートルの玉椿《たまつばき》（最高位関脇）が、180センチメートルを超す外国人の挑戦を受け、あっという間に気絶させたという武勇伝も残されている。

大正15（1926）年に東西の協会の合併後、日本の勢力下にあった朝鮮・中国東北部は、通常の巡業スケジュールが組み込まれることが多かった。しかし、戦前にはそれ以外の海外興行は行われなかった。

昭和26（1951）年6月から翌年の1月にかけて、幕内・八方山《やかたやま》、大ノ海《おおのうみ》、藤田山《ふじたやま》の3力士が高砂親方（元横綱・前田山）とともに、相撲普及のため渡米。ハワイ、ロサンゼルス、サンフランシスコ、シカゴと回ったが、小規模だったため、現在の海外巡業とはかなり異なるものだった。

戦後行われた海外興行は、別表のとおり。アメリカやヨーロッパだけではなく、旧ソ連や中国と共産圏の国も訪れるなど、まさに全方位外交といっていい。

チョンマゲに浴衣姿のスモウ・レスラーは、どこの興行地でも「日本古来の格闘技、そして伝統文化の継承者」として破格の歓迎を受ける。まさに「裸の大使」としての役割を十分に果たしているといっていいだろう。

時代と共に移り変わる相撲場

神社、仏閣から始まり広がっていった相撲場

江戸時代の小屋掛け時代には、一定の場所で興行が行われているわけではなかった。勧進相撲とは、神社、仏閣の建立、修理などの資金集めを指し、チャリティー行為が本来の目的だったからだ。次第に寄付行為は建前となり、相撲人の生活のための営利目的に変化していった。それでも寺社奉行に相撲興行を許可する権限があったため、宝暦から天保３（１８３２）年までの間は、江戸市内にある様々な神社や仏閣で興行が行われた。

その中でも蔵前八幡、深川八幡、両国・回向院が三大本拠地だった。しかし、天保４（１８３３）年冬（10月）場所以降は、回向院のみが興行場所として定着し、同敷地内に国技館が建設される直前の明治40（１９０７）年春（１月）場所まで、75年の長きにわたって大相撲の本場所が開催された。

東都名所　両国回向院境内全図　天保13（1842）年　歌川広重画
（都立中央図書館特別文庫室所蔵）

明治維新という激動の時代をはさんで、うまく世相の変遷に対応できたのも、回向院というフランチャイズが存在したことが一因といわれている。常に同じところで興行を行うことができたため、会所（協会）事務所も門前に構え、相撲部屋や相撲茶屋などの関係者も付近に定着。両国は相撲の街として、世間に認知されていくようになっていった。

明治42（1909）年6月、回向院境内に大相撲の常設館が完成。この常設館を「国技館」と命名したことから「相撲は日本の国技である」という概念が、一般的に定着するようになったことは前述のとおり。

「東洋一の大鉄傘」と謳われた旧・両国国技館は、ドームの屋根を持つ円形の建物。当時

としては破格のスケールを誇り、現在のスカイツリーのように、たちまち東京の観光名所となった。

総工費は当時のお金で約30万円。直径61メートル、観覧席は1階から4階まであり、収容人員は一応1万3000人となっているが、実際はそれ以上に入ることができたという。それまでの小屋掛け時代は超満員でも3000人ほどだったので、一挙に5倍近い観客を動員できるようになったことになる。江戸時代からの晴天十日興行が、晴雨にかかわらず行えるようになり、協会の経営基盤は安定した。

神国日本の象徴として双葉山が君臨した戦争中は、大いに隆盛を誇った大相撲だが、昭和20（1945）年の第二次世界大戦敗戦後は、また苦難の道を辿ることになる。国技館が進駐軍に接収されたため、神宮外苑や浜町河岸など、興行地を転々と移動することを余儀なくされたからだ。

両国から蔵前、そしてまた両国へ やはり両国は相撲の街

ところが協会は昭和16（1941）年に蔵前の土地（約1万7770平方メートル）を購入しており、戦後、海軍戦闘機組立工場の鉄骨払い下げを受けると、再び常設館の建設機運が高まった。昭和25（1950）年春（1月）場所から仮設のまま本場所を開催し、建設工事が完了した昭和29（1954）年9月の秋場所前に、蔵前国技館は開館した。

建物は鉄骨モルタル造りの2階建て、収容人員は1万1108人で、総工費は約2億3000万円だった。昭和46（1971）年から冷暖房が完備されたものの、昭和50年代に入ると老朽化が目立ち始めた。新国技館建設を望む声が大きくなると、協会は、昭和58（1983）年に両国駅北隣で工事に着手した。

現・両国国技館は昭和60（1985）年初場所がこけら落としとなり、39年ぶりに大相撲が両国に戻ってきた。敷地面積は1万8280平方メートル、興行地の延べ面積は約3万8000平方メートル、高さ40メートル。地上3階、地下一部2階。以前の国技館と異なり、緑色の屋根と白壁を持つ近代和風隅切り型が美しい。空調、音響、照明設備も万

竣工した当時の旧・両国国技館の外観と内部。人物写真右は雷権太夫、左は高砂浦五郎。内部の土俵右側に見える奥まった席は貴賓席となっている。

全で、ボタン一つで土俵が地下に収納される。いろいろな面でハイテクが完備された立派な建物だ。

両国国技館を建設するために、まず協会は蔵前の国技館の土地を東京都に売却。そして両国駅北隣の国鉄用地を協会の資金で買い取り、国技館の建設費用には蔵前の土地を売ったお金を充てた。借金をすることなく、国技の殿堂を建てた春日野理事長（元横綱・栃錦）の手腕は、角界の功労者として今でも高く評価されている。

しかし、「ぬくもりがあった蔵前時代のほうがよかった」と多くのオールドファンは口をそろえる。それは決して懐古趣味的な意味ではなく、相撲ファンが一番物足りなく思っているのは、**構造上、花道に一般のファンが全く入れないことにある。**蔵前国技館や、現在の地方場所では、花道が通路を兼ねているため、土俵入りはもちろん、取組に向かう力士、戦いを終えて戻る力士を間近で見ることができる。

相撲見物とは、まわし姿の異型の巨体と遭遇することも醍醐味の一つ。**現在の国技館も、一般ファンとお相撲さんが、もう少し触れ合えるように工夫する必要があるように感じる。**

力士たちの生活の基盤・相撲部屋

大相撲を動かす大元締め
力士たちが暮らす生活の場

相撲協会が力士の育成を委託しているのが相撲部屋だ。いわば大相撲の根幹をなすもので、年寄名跡を継承している部屋持ち親方がすべてを運営している。

力士はすべて相撲協会所属だが、同時にどこかの相撲部屋に必ず所属しなければならない。そして師匠の死去や定年などで部屋の継承が不可能になる場合を除き、移籍することはできない。

相撲部屋では、通常、師匠個人の住宅と稽古場を兼ねており、力士の生活の場ともなっている。ただし既婚力士の多くは、それぞれの自宅から部屋の稽古場に通うことが許されている。

また、相撲部屋には師匠と力士のほかに、部屋付き親方、行司、若者頭、世話人、呼び出し、床山なども所属している。部屋によって若干異なるが、だいたい6時ごろから10時半〜11時ごろまでが稽古時間で、関取は8時半ごろに土俵に顔を出すことが多い。部屋での稽古は股割り、すり足、四股、鉄砲などの基本運動のほか、申し合い、三番稽古、ぶつかり稽古などが行われる。

実力が近い者同士で稽古をするため、それほど人数の多くない部屋では、申し合いが3人ぐらいの三番稽古に近い形になることが多い。

稽古後は番付順に風呂に入り、番付順に食事を取る。食事は1日2食。朝稽古後の食事が朝昼兼用となり、ちゃんこ鍋を中心に豊富なおかずが並ぶ。夜はカレーなども多いが、力士が食べる料理はすべてちゃんこと呼ばれる。

昼のチャンコ後、関取衆は自由時間となるが、幕下以下の若い衆は2時間ぐらいの昼寝をしたあとも、掃除、洗濯などの雑用をこなさなければならない。

関取は個室を与えられるが、幕下以下の力士は寝る時も含め、大部屋での共同生活となる。一人っ子が多く、多くの子供が小さいころから自分の部屋を与えられている現在、プライバシーのない生活を敬遠する傾向も見られる。

付け人制度を廃止したら、相撲情緒が失われることは間違いない。しかし若い衆は給料もない上に、四六時中関取の付け人として身の回りの世話をしなければならず、現代社会では、かなり劣悪な環境といわざるを得ない。**伝統を死守すべきか、若い衆といえどももっと待遇をよくすべきか。慢性的な新弟子不足に悩む相撲界だけに、近い将来大きな決断を迫られる可能性もある。**

現在に繋がる相撲部屋は、宝暦ごろに原型を見ることができる。京都・大阪に後れを取っていた江戸の相撲集団だが、宝暦年間には年寄連が集まって、相撲興行を始め、相撲会所（相撲協会の前身）が創設された。

当初の相撲部屋はこの相撲会所を指していたが、ほぼ同時期に弟子を育成している年寄の自宅のことも相撲部屋と呼ばれるようになった。

江戸相撲の組織が確立された宝暦から天明にかけて、番付に記載された年寄名跡は次のように38家存在する。

雷《いかずち》、伊勢ノ海《いせのうみ》、井筒《いづつ》、入間川《いるまがわ》、浦風《うらかぜ》、音羽山《おとわやま》、尾上《おのえ》、追手風《おいてかぜ》、大山《おおやま》、春日山《かすがやま》、片男波《かたおなみ》、勝ノ浦《かつのうら》、清見潟《きよみがた》、桐山《きりやま》、木瀬《きせ》、粂川《くめがわ》、九重《ここのえ》、佐野山《さのやま》、佐渡ケ嶽《さどがたけ》、白玉《しらたま》、錣山《しころやま》、玉ノ井《たまのい》、立《たつ》田川《たがわ》、玉垣《たまがき》、田子ノ浦《たごのうら》、楯山《たてやま》、立川《たてかわ》、出来山《できやま》、友綱《ともづな》、常盤山《ときわやま》、鳴戸《なると》、花籠《はなかご》、浜風《はまかぜ》、二十《はたち》山《やま》、藤島《ふじしま》、間垣《まがき》、武蔵川《むさしがわ》、若松《わかまつ》。

全員が部屋持ちだったかどうかは不明だが、江戸時代はほとんどの年寄が弟子を育成しており、自分の名跡を継がせていた。

相撲部屋は江戸の各所にあったが、年2場所の本場所興行が、本所回向院と定められた天保4（1833）年10月以降は、その必然性から両国界隈に集まるようになっていった。

江戸時代はいわゆるお抱えといわれ、大名の庇護を受けている力士が多かった。所属は相撲部屋というより「何々藩」というのが実情で、相撲部屋における師弟関係は、技術面の指導や監督、そして身分保障というのが主だった。それどころか、江戸相撲に加入しても、必ずしも江戸の相撲の部屋に所属する必要はなかった。当時のお抱え藩と相撲部屋の関係では、藩のほうが優位だった事実が汲み取れる。

江戸相撲では、今では考えられない同部屋の対戦はあっても、同じ藩同士の対戦は絶対に組まれなかった。

明治維新となり、文明開化の風潮の下、相撲は野蛮なスポーツとみなされた。当然、人気は衰退したが、相撲会所は江戸相撲を東京相撲と改称し、年2回の回向院での本場所開催は死守した。

そして大政奉還によって大名からの経済援助が途絶えると、相撲部屋が大名の抱えを解かれた力士たちを収容。力士の育成は相撲部屋に一本化された。

当時は稽古場を設えてなくても、相撲部屋として認定されていた。明治42（1909）年に東洋一の規模を誇るといわれた旧・両国国技館が開館したが、その当時の相撲部屋は47と、ほぼ今と同様の数が存在した。その中で稽古場を所有している部屋は、出羽海部屋、井筒部屋、入間川部屋、雷部屋、伊勢ノ海部屋、湊川部屋、八角部屋、二十山部屋、宮城野部屋、峰崎《みねさき》部屋、高砂部屋のわずか11部屋。稽古場を持たない相撲部屋の力士は、土俵のある同じ一門の部屋で稽古に励んでいた。

稽古場がなく年寄の家に力士が寄宿しているだけの部屋は、一般の民家と区別がつかなかったという。

稽古場のない相撲部屋は、昭和61（1986）年5月に高砂部屋に吸収合併された大山部屋が最後で、現在では認められていない。

時代とともに変化する相撲部屋の数の推移

相撲部屋の数は明治以降、消長を繰り返している。昭和2（1927）年1月に東京と

大正初期の相撲部屋での稽古のようす

大阪の両協会が合併した時には相撲部屋の数は48だった。双葉山全盛の昭和10年代も46から48の数で推移したが、終戦後は力士数が激減。昭和24（１９４９）年には相撲部屋の数も23まで減った。その後、栃若や柏鵬人気で力士数が増加するのに伴い、相撲部屋の数も増えていった。

昭和39（１９６４）年には31まで復活したが、翌40（１９６５）年には一挙に25まで減少した。同年初場所に、それまでの一門別から部屋別総当たりに制度が変更されると、一門の力士同士の対戦を避けるため、小さな相撲部屋が本家に弟子を移籍させたからだ。

部屋別総当たり制が定着してくると、部屋の数は再び上昇カーブを描いていった。特に、分家独立を許さなかった出羽海一門がその不文律を破棄したこともあり、ある程度の地位まで昇進した力士の多くは、部屋を継ぐか、独立して部屋を持つことが多くなった。

そのため高度経済成長なみに部屋の数は増えていき、昭和49（１９７４）年に30、昭和63（１９８８）年には40を超えた。さらに若貴人気で力士数が激増した平成6（１９９４）年にはついに50の大台に乗った。平成16（２００４）年には史上最多の55部屋を数えたが、その後は新弟子不足などの影響もあって減少傾向にあり、現在は43部屋となっている。

強くなるかどうかは親方次第？
親方に依存する相撲部屋の体質

現在はプチブームに湧く相撲界だが、少し前までは不祥事の連鎖が続いた危機的状況の時期もあった。**その時の相撲協会の対応ではっきりわかったことは、力士の育成に関しては、相撲部屋にほぼ丸投げしているという事実だ。**

熱心に弟子を育成している親方がほとんどだが、一部には指導力が欠落しているように見える者も存在する。また力士、特に一人前といわれる関取のプライベートに関しても、独裁者のように厳しく管理する親方や、放任主義の親方など、部屋によって力士教育の方

貴乃花の引退相撲で止めばさみを入れる二子山親方（毎日新聞社）

針は、かなり異なる。

外国人力士に対しても、ハワイ出身力士全盛時代の小錦、曙、武蔵丸などは、めったに母国に帰ることはなかった。それがモンゴル人力士全盛の時代を迎えると、朝青龍を筆頭に、頻繁に帰国するようになってしまった。

相撲協会と相撲部屋の関係を、よく商店街と各個人商店の関係に例えられるが、商店（部屋）に必要な維持費、稽古場経費、養成員育成費などは、すべて商店街（相撲協会）から支給されている。

再び不祥事の連鎖を起こさないためにも、もう少し相撲協会が部屋に対してイニシアチブを取る必要がある。今後相撲部屋は、伝統維持だけではなく、時代に即して少しずつ変わっていく必要があるのかもしれない。

代々受け継がれる年寄制度

元々は親方の遺族を守るものだった！ 独自のシステム年寄制度

年寄とは「日本相撲協会寄付行為」及び「寄付行為施行細則」に定められた資格で、引退したあとに年寄名跡を獲得した力士が襲名できる。

大相撲興行の経営や、門弟の養成に従うものの名称で、一般的には親方といわれている。

年寄名跡を襲名するには、日本国籍を有するとともに、①横綱または大関②三役1場所以上③幕内通算20場所以上④十両と幕内通算30場所以上の、いずれかの条件を満たす必要がある。また空いた名跡がなければ、いくら条件を満たしても襲名はできない。

年寄というのは現在では一般的に年配者を指す言葉だが、江戸時代には幕府の老中、大名では家老、町村では住民の長の役名だった。

江戸より先に勧進相撲の中心地だった京・大阪では、相撲の監督者を年寄とは呼ばず、同じ意味の「頭取《とうどり》」と称していた。

年寄制度の原型は貞享元《じょうきょう》（1684）年に雷権太夫が、神社奉行から深川八幡での相撲興行を許されたことによるといわれている。その時に15名の株仲間が組織された。享保《きょうほう》年間になると、幕府は相撲を専業とする者のみに興行権を与える方針を決定する。

そして、相撲会所が設立された宝暦年間に、年寄制度が確立した。そのころの年寄名跡は、活躍した力士・行司名からつけられたものが多数で、数は30名前後だった。同時に相撲のメインは京・大阪から江戸に移行していき、規模が拡大すると、年寄の数も次第に増加した。

天明〜寛政期の勧進相撲の黄金期には40名前後で推移。寛政3（1791）年の徳川家斉上覧相撲の際に提出された年寄の数は38人だった。幕末には60名前後となり、明治36（1903）年に協会規定を改定した時に88家の定員が定められた。以降は新年寄名跡の創家は許されてない。

相撲協会は大正14（1925）年12月に「財団法人」として許可され、昭和2（1927）年には東京相撲協会が大阪相撲協会を実質吸収合併。年寄名跡の数も、旧大阪方名跡17が加わり105家となった。

昭和10年代の双葉山全盛時代には、年寄株が入手困難な状態になり、窮余の策として廃家になっていた大阪相撲の名跡を復活。１０８まで増えた。

昭和26（１９５１）年に例外の世襲年寄であった番付版元の根岸家が名跡を返上。昭和34（１９５９）年には行司を年寄から除くことになり、年寄待遇の木村庄之助、式守伊之助の両家が外され、再び１０５家になり、現在まで続いている。

年寄名跡は本来先代遺族の面倒を一生見るということで譲り受けていた。しかし明治の中期ごろより、定年になった先代、あるいは先代の遺族に一時金を支払って買うシステムに移行していった。

改定を繰り返し、変化する制度

平成10（１９９８）年4月の理事会で、名跡の空きがない場合の優遇措置として、準年寄制度が設けられ、同時に現役力士が保有している株を借りる、いわゆる「借り株」が禁止された。準年寄は10名以下で、期間は2年間だったが、このマイナーチェンジはあまり評判が芳しくなかった。平成14（２００２）年7月の理事会で準年寄は1年に短縮され、借り株制度が復活。この改定も長く続かず、平成18（２００６）年12月の理事会で、準年寄制度そのものが廃止と二転三転した。

年寄制度の「定員外」として、「一代年寄」という特例が存在する。この一代年寄とは、力士が引退後も現役の力士名で、本人一代限りとして年寄待遇を受けることができる制度だ。

昭和16（１９４１）年春場所（1月）には「今後横綱で引退するものは、相撲道に貢献した功に報いるため、そのまま一代限り年寄として待遇する」と決定。最高位を極めながら、空き株不在のために協会に残れないという不合理を解消するための措置だった。

しかしこの制度も昭和34（１９５９）年8月の役員会で廃止され、横綱は「引退に際し、力士名のまま5年間、年寄の資格を与えることができる」に改正された。

平成10（１９９８）年に準年寄制度が作られた時には、「引退後、３年間は力士名のまま年寄の資格を与えられる」と大関に対する優遇措置も加えられた。

一代年寄制度は、昭和44（１９６９）年には形を変えて復活する。協会に著しい貢献があった横綱に対し、その功績を称え、理事会の決定を経て「一代年寄」の資格が与えられることになった。

この制度は当時優勝30回の大鵬を対象として考案されたものだったが、その後、北の湖、千代の富士、貴乃花と、優勝20回超えを果たした横綱に贈られた。

しかし千代の富士は「部屋の名前は一代限りではなく、末永く続くものにしたい」と辞退し、年寄・陣幕（のちに九重）を襲名した。

優勝35回の白鵬は当然、一代年寄の資格がある。しかし未だに日本国籍を取得しておらず、平成27（２０１５）年九州場所中に急逝した北の湖理事長は「年寄の資格は日本国籍を有している者」と、帰化しないままでの年寄承認は否定していた。

いつの時代も力士ＯＢである親方は１００名以上存在したが、「ゼニの取れる現役プレーヤー」といっていい関取（現在70人）より数が多いことに、批判の声は多かった。

昭和40年代には、元・双葉山の時津風理事長が年寄の人数を減らし、協会運営の効率化を図ろうとした。しかしこのリストラ策は、年寄株を協会が買い上げなくてはならない困難が生じたため、頓挫してしまった。

プロ野球やサッカーの世界では、どんなに実績があった選手でも、引退後は何の保証もない。監督やコーチを務めることができるのはごくわずかで、その上実績が挙がらないとすぐに解雇されてしまう。

それに引き換え力士の場合、現役時代の報酬はプロ野球ほど恵まれているとはいえないが、年寄名跡さえ手にすれば65歳の定年まで安定した生活が送れる。

非常に面倒見のいい制度だけに、近年では、年寄名跡獲得のためにかなり高額な金銭のやり取りがあったとされている。

政府の公益法人制度改革にともない、平成25（２０１３）年に、相撲協会が新公益法人への移行を目指すにあたって、最大のネックとなったのが、この年寄名跡の問題だった。

親方として協会から収入を得る権利の売買は、一般的には理解しがたい慣習だからだ。

新公益法人の認定を受ける際、協会は個人間で取引されていた名跡を一括管理。売買を禁止する代わりに、退職する親方は後継者任命権のほか、名跡継承者が前保有者に親方としてのあり方などを学ぶ「指導料」を払うことを認めた。

もちろん「指導料」を支払った場合は申告が義務付けられているが、当事者同士のやりとりは表に出づらく、協会が金銭の受け渡しを強制的に調べる権限もない。

また「指導料」の相場がどの程度になるかも不透明な状態が続いているため、高額で名跡を取得した親方の中には、かなり不安視する声がある。状況次第では、以前のように高額取引に戻ってしまう可能性も否定できない。

新公益法人として今まで以上に透明な組織運営が求められるのは間違いない。古いしきたりの上に成り立ってきた年寄制度を、どう改革していくのか。

あまり既得権益にばかりにこだわっていると、協会そのものが危機に陥りかねない火種を抱えているといっても過言ではない。

様々な思惑がからむ一門制度と役員選

巡業組合のことだった、生活を守るための「一門」という集団

A部屋の力士が引退し、B部屋を興した場合、当然A部屋とB部屋は同じ系列になる。こうして広がっていった集団が、俗に「一門」と呼ばれている。

一門という概念の存在自体は古いが、正式な名称ではない。この言葉が頻繁に使用されるようになったのは戦後のことといわれている。それまでは、組合と呼ばれることのほうが多く、巡業組合を指した。

年2場所の時代は、現在とは異なり、部屋経営のすべての経費が協会から支給されていたわけではない。一門別に自主的営業で地方巡業を行い、その収入によって部屋の経営は成り立っていたのである。

巡業収益の多い一門に属するか否かが死活問題だったため、一門ごとに看板力士を育て

る競争意識が働いていた。

一門は、戦前までは生活を守るために必要な存在だった。

昭和33（１９５８）年に年６場所制がスタートすると、巡業も大合併になり、一門の意味や必要性はほとんど失われた。むしろ役員選挙などでは協力体制を組み、協会全体より一門の利益を優先させる弊害ばかりが目立つようになっていく。

一門も消長を繰り返し、昭和30年代頃から出羽海一門、高砂一門、時津風一門、二所ノ関一門、立浪一門、伊勢ケ浜一門の６大勢力に収斂《しゅうれん》。規模的に劣る立浪一門と伊勢ケ浜一門は、昭和43（１９６８）年の理事選から連合協定を結び、立浪・伊勢ケ浜連合となった。

ところが不要になったにもかかわらず、いつまでも一門意識に固執している角界の現状を一番憂いていたのが、元・双葉山の時津風理事長だった。大相撲を後世に伝承していくためには、常に時代に即した制度の構築が必要だと考えていたからだ。

一門同士の思惑が交錯
揺れる理事選挙

時津風理事長は、昭和40（１９６５）年初場所に長い間の不文律を破り、それまでの一

門別総当たりから、部屋別総当たり制に変更。昭和42（1967）年の記者会見では「大相撲がさらに発展するためには、協会の合理化を図らなければならない」と審判制度の刷新、番付の正常化、指導普及部の三つを提案した。

関取の数が増加するにつれ、どうしても馴れ合い的な相撲が目立っていたため、同年の春場所後には早速実行に移し、幕内20枚を17枚、十両18枚を13枚に減らす番付の正常化に着手。当然、力士会の大反対があったものの、相撲内容の向上を第一に考え、関取数16人減のリストラを断行した。

同理事長は続いて、協会運営の効率化を求め、多すぎると批判の多かった年寄の人数も減らすことを模索。しかし、年寄株を協会が買い上げなければならない弊害が生じたため、代わりに翌年の役員改選から、理事の数を削減した。

理事の役職が番付に初めて掲載されたのは大正13（1924）年夏場所で、春日野（元・木村宗四郎）、伊勢ノ海（元小結・柏戸）の2人だった。その後、東西の相撲協会が合併し、財団法人の資格を得ると、様々な決議を理事会で行うことになり、理事15名、監事3名の定員が設けられた。

2年に一度行われる理事選は、全年寄や横綱・大関などの評議員による連記制（1枚の投票用紙に2名以上の候補者の名を記す）の投票で選出されることになっていた。

とはいえ選挙とは名ばかりで、多くの親方が「投票用紙など見たこともない」という状態だった。役員の顔ぶれは、有力親方の話し合いで決まるという、旧態依然とした状況がまかり通っていた。

時津風改革により、昭和43（1968）年初場所後からは投票は単記無記名、定員は理事10名、監事3名、被選挙人は立候補制と改められた。

また、理事の互選により理事長1名、取締役4名を選出していたが、取締役制度を廃止し、理事長以外の理事は同資格となった。理事を5人も削減し、**志のある年寄なら誰でも理事に立候補できる民主的な制度に、大きな期待が集まった。**

しかし制度を変えても、長年染み付いた体質は変わらなかった。理事は定員10名のところに10人しか立候補せず、結局、無投票で決まった。各一門とも事前に会合を開き、一門の利益代表者として、立候補を決定していたからだ。

無記名投票ということで、安心できなかったのか、時津風一門では「一門以外には投票しません」という誓約書まで書かされていた。

結果は、立浪・伊勢ケ浜連合3名、時津風・出羽海・二所ノ関各2名ずつ、高砂1名と、年寄の数に応じた絶妙な配分となった。

民主化を目指し導入された役員選挙によって、かえって一門意識が強化されるという、皮肉な結果となってしまった。

定員3名の監事（現・副理事）には秀ノ山（元関脇・笠置山）、白玉《しらたま》（元幕内・大八洲《おおやしま》）、若松《わかまつ》（元幕内・鯱ノ里《しゃちのさと》）、伊勢ノ海（元幕内・柏戸）と4人が立候補。初の選挙が行われ、投票により若松が落選した。選挙後、若松が閑職（参与）に追いやられたこともあり、2回目の役員改選からは、監事も事前の話し合いで決まり、定員の3人しか立候補しなくなった。

その後、立浪・伊勢ヶ浜連合3名、出羽海・二所ノ関・時津風2名ずつ、高砂1名の理事が、昭和61（1986）年の選挙から一門2名ずつと一門の理事枠に変更があっただけで、定員10名に立候補者10人という無投票の選挙は続いた。

一門の根回しで無風だった選挙が、一転して激震に見舞われたのが、平成10（1998）年の役員改選だった。

発端は平成8（1996）年7月に発覚した二子山親方（元大関・貴ノ花）の年寄名跡取得に絡む、約3億円の所得申告漏れ事件にあった。当時の境川理事長（元横綱・佐田の山）は、このままでは社会の批判をかわせないと判断。新時代に対応する相撲協会を目指し、年寄名跡の協会帰属と売買の禁止を骨子とした年寄改革案を打ち出した。

ところが、**億単位の高値で取引されていると噂されている年寄株が、紙切れ同然になってしまう可能性が生じたため、多くの親方が反発する事態となった。**同理事長が平成7（1995）年に推し進めた巡業改革への不満も重なり、批判の急先鋒だった高田川親方（元大関・前の山）と間垣親方（元横綱・2代目若乃花）がアンチ境川を旗印に立候補。史上初の理事選挙が行われることになった。

佐渡ケ嶽（元横綱・琴桜）、二子山、間垣、境川、北の湖（元横綱・北の湖）、木瀬（元幕内・清ノ森）、大島（元大関・旭国）、高砂（元小結・富士錦）、高田川、時津風（元大関・豊山）、枝川（元大関・北葉山《きたばやま》）の11人が立候補し、投票の結果、枝川が落選。強引に立候補した高田川は高砂一門を破門されたが、一門に関係なく浮動票を集め、前代未聞の無所属での当選となった。

票数が少なく、共倒れを防ぐ意味で理事候補を2名から1名に絞り込む必要のあった高砂一門では、一門内の選挙で陣幕（元横綱・北の富士）が高砂に敗れ、突然相撲協会をリタイアするハプニングも起こった。現在の相撲中継のテレビ解説を見てもわかるとおり、利発な北の富士の退職は、協会運営にとって大きな損失だったという関係者は多い。

その後の理事会では境川が退陣し、時津風と北の湖が激しく争う難産の末、時津風理事長が誕生した。

旧体制を改善し、正しい相撲界へ

平成26（2014）年に財団法人から公益財団法人に移行する時にも、年寄株売買のことはかなり問題視された。いわば境川案は時代を先取りした形ともいえる。平成10（1998）年の役員改正は、改革を断行したい理事長に対し、断固として認めない守旧派が抵抗をしただけという面は否めない。

事実、その後の理事選は、基本的に一門ごとに候補を事前に調整する慣例に戻ってしまった。

こうした悪しき因習に、新たに大きな風穴を開けたのが貴乃花親方（元横綱・貴乃花）だった。

平成22（2010）年の理事選では、理事枠3人の二所ノ関一門は、事前の話し合いで現職の3人がそのまま立候補することになっていた。しかし貴乃花は一門の長老による「あと少しまてば理事になれる」という説得にも屈することなく、一門を離脱して、角界改革のために出馬を決意。

二所ノ関一門は3名から2名に候補を絞らざるを得なくなったが、代わって各1名が予定されていた高砂一門と時津風一門は協力して3名の擁立を決定した。

結局、貴乃花（元・横綱）と、武蔵川（元横綱・三重ノ海）、北の湖（元横綱）、出羽海（元関脇・鷲羽山《わしゅうやま》）、二所ノ関（元関脇・金剛《こんごう》）、放駒（元大関・魁傑《かいけつ》）、九重（元横綱・千代の富士）、陸奥（元大関・霧島）、鏡山（元関脇・多賀竜《たがりゅう》）、大島（元大関・旭国）、友綱（元関脇・魁輝《かいき》）の11名が立候補した。

評議員の数は111名だったので、当選ラインは10票。貴乃花グループは7名だったこともあり、浮動票が見込めないという予想のもと勝ち目はないと思われていた。

しかし、一門外から3票集め、下馬評を覆して見事に当選を果たした。落選したのは8票しか集まらなかった大島親方だった。

貴乃花の行動は、一部の角界関係者から「秩序を乱した」との批判が出たのも事実である。しかし、一門に関係なく立候補することは、歴史的に見て意義のあることだった。協

会の将来に明確なビジョンを持った親方が、自由に出馬し、自分の意思で自由に投票する——こうした正常な選挙を実現しない限り、角界に未来はないからだ。

理事の選挙改革に託した双葉山の思いは、同じ相撲道を貫いた貴乃花によって、初めて結実したといっていいだろう。

貴乃花親方は、平成24（2012）年、26（2014）年の理事選でも、グループ外の一門から票を集め3期連続で当選を果たしている。初当選以後、グループ扱いされていた貴乃花勢力だが、平成27（2015）年には正式な一門として認定された。

現在の一門は次の通り。

出羽海一門（千賀ノ浦、玉ノ井、藤島、入間川、境川、春日野、出羽海、木瀬、武蔵川、尾上、式秀、山響）

高砂一門（八角、高砂、九重、錦戸、東関）

貴乃花一門（貴乃花、立浪、阿武松、大嶽）

時津風一門（鏡山、井筒、陸奥、荒汐、伊勢ノ海、湊、錣山、時津風）
二所ノ関一門（尾車、二所ノ関、芝田山、峰崎、高田川、片男波、佐渡ケ嶽、田子ノ浦）
伊勢ケ浜一門（伊勢ケ浜、友綱、宮城野、追手風、浅香山、春日山）

最近、プチブームに湧く相撲界だが、少し前までは不祥事の連鎖が止まらなかった。そうした体質が一新されたわけではない。また、日本人力士の育成が思うようにはかどらないなど、問題は山積している。このままでは、先細りしてしまう可能性も捨て切れない。

平成26年（2014）に移行した新公益財団法人の制度上は、親方衆に理事を決める権利はないことになっている。組織に属さない評議委員が、公益財団法人の役員を決定する権限を持っているため、今までのように親方衆が評議委員を兼ねて行ってきた選挙は許されない。

そこで平成28（2016）年の理事改選では、1月中に各一門で役員立候補者を決め、初場所後に役員候補戦で10人の理事を決定、その後3月下旬に評議員会を経て新体制を発足させるスケジュールとなりそうだ。

平成27年11月に急死した北の湖理事長の後任には八角親方が決まったものの、任期は新体制が発足する平成28年3月までだ。先行きは本書執筆時点では不透明だが、新公益法人になっても旧来の方式に縛られている感は否めない。

一門の利益などという狭い視野を捨て、協会が一丸となって長い歴史と伝統を誇る国技・大相撲を、正しく後世に伝えなければならない。

■第三章■

もっと知りたい大関と横綱の真実

波乱に満ちた横綱確立とその変遷

吉田司家という家元のアイディアが「横綱」誕生の秘密？

　現在に繋がる横綱制度は、寛政元（1789）年11月に、相撲の家元・吉田司《よしだつかさ》家の19世吉田追風《おいかぜ》が、谷風と小野川に免許を与えたことを嚆矢《こうし》とする。

　当時、吉田司家は相撲の故実・礼式に精通していると認識されていた。文治《ぶんじ》2（1186）年、後鳥羽《ごとば》天皇が宮廷の相撲儀式を復活させた際、吉田家は初代追風の称号を与えられ、行事官に任命されたため、以後、当主は代々「吉田追風」を名乗ったという。

　しかしこうしたエピソードはのちに整備されたものと思われ、そもそも相撲は野見宿禰以来、その血脈である菅原家、さらにはその流れを継ぐ京都・五条家の管轄だった。

　五条家は本来、儒学と相撲を家職とする平公卿《くぎょう》で、吉田家は五条家の目代（代理人）であり、14世までは京都にいたが、寛文元（1661）年ごろに、15世が肥後国（熊本県）

の細川家の家臣となり、熊本に移転した。

江戸時代はどんな芸事も関西で成熟し、やがて江戸にその中心が移っていった。**相撲も各地に職業相撲の集団が存在し、次第に組織化されていったが、当初の中心は大阪や京都だった。しかし天明ごろから大剛《たいごう》谷風を中心に、江戸勧進相撲が盛り上がりを見せ、京大阪を凌駕するようになっていった。**

さらに寛政3（1791）年には、将軍・家斉による史上初めてといってもよい、大規模な上覧相撲が行われることになった。そこで19世吉田追風が派手なデモンストレーションを画策したのである。その頃は相撲家元を名乗る者が多く、それらのライバルをしのぎ、吉田家を総司家とする絶好のチャンスだったからだ。

上覧相撲の直前の寛政元（1789）年冬場所（11月）、7日目にあたる11月29日に、当時の東西最強力士の谷風と小野川に、横綱を伝達する式を土俵上で行った。その後、両力士は現在同様、太刀持ちと露払いを従えて1人土俵入りを披露。

化粧まわしの上に四手《しで》を垂らした、純白の注連縄を締めた横綱は、古今のどんなスポーツのチャンピオンをもしのぐ権威づけといっても過言ではなく、たちまち江戸中で大評判となった。

もともと横綱という言葉は存在したらしいが、この新スタイルの横綱は、何をベースとしたかが、はっきりとわかっていない。江戸初期のころ、邸宅を建てる時の地鎮祭に、当時の大関を2人呼び、地面にたくさんの綱を張った中で四股を踏ませた。通説では、このお祓いの地踏みに参加する資格を与えられることを「横綱之伝」といったとされている。しかし現在では、この話も歴史的事実かどうか、懐疑の声は多い。

また、腰に巻いた綱は、寛政から50年ほど前に、大阪相撲の強豪力士の間で、黒と白のツートンカラーの太い綱を巻くブームがあり、それを応用した可能性が高いと見る専門家もいるが、こちらも真偽のほどは定かではない。もちろん白黒の綱は四手も垂らしておらず、1人土俵入りを行ったわけでもないので、化粧まわしの装飾品だったのであろう。

のちに吉田司家は、次のような横綱起源物語を流布させた。


平安時代の弘仁年間（810～824）、近江国にハジカミという力士が無敵を誇った。そこで行司志賀清林は摂津住吉神社の神事相撲で、ハジカミに神前の注連縄を腰につけさせ、相手のなかでこの縄に手をかけるものがあればハジカミの負けとするとした。しかし、誰一人この綱に触れる者はいなかった。

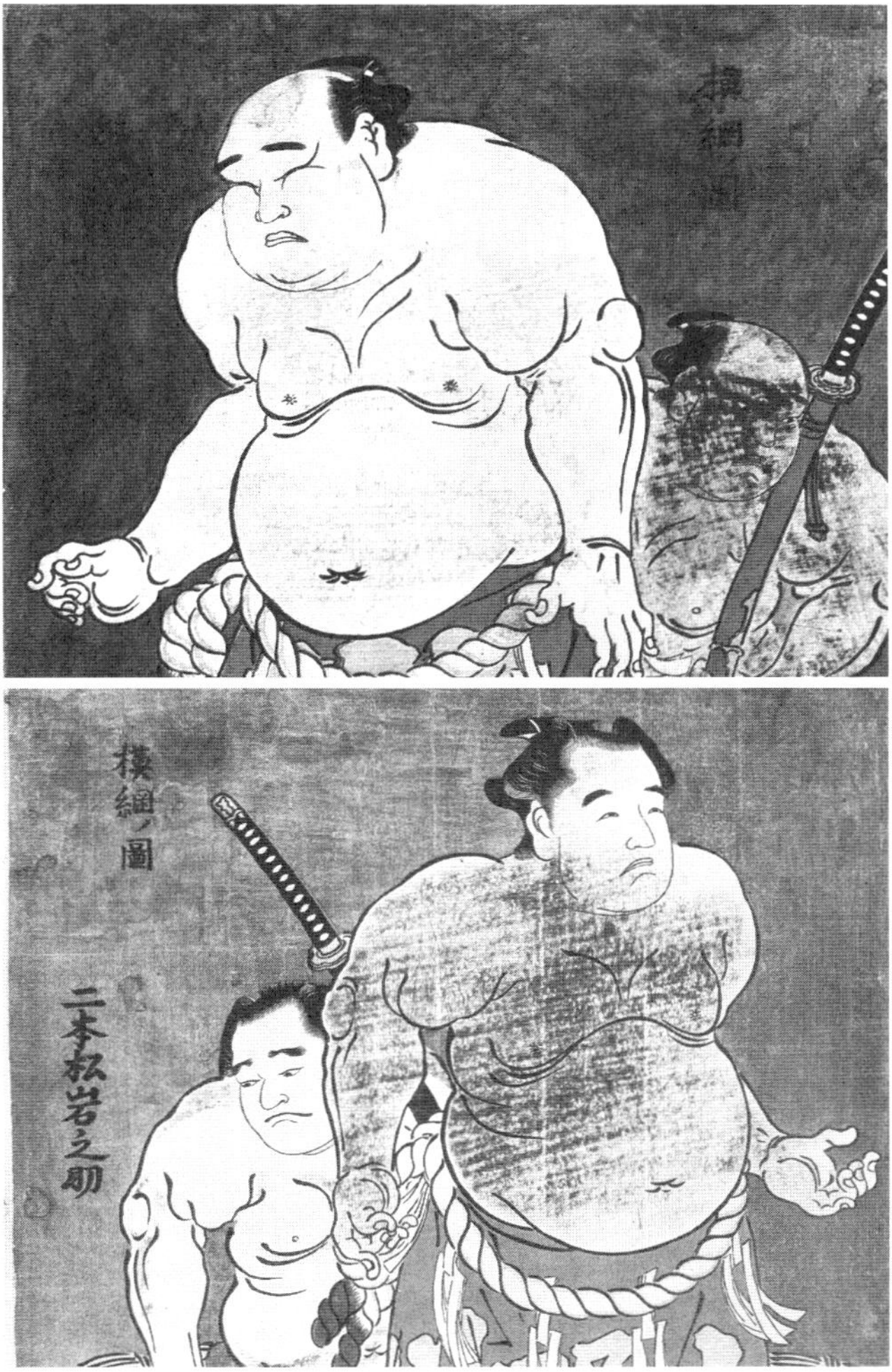

寛政の初期、最強力士と謳われた谷風（上図）と小野川（下図）の錦絵（部分）

よくできた物語で、盛んに取り上げられた時期もあったが、平安時代に行司役は存在しておらず、完全な後世の作り話である。

いずれにしても19世追風が、人気の起爆剤として家伝や故実を都合よく解釈し、新しい権威を創出したのは間違いない。だが当時は封建社会で、前例のない新規の儀式はほとんど禁止されていた。吉田司家は神社奉行に提出する書類に「(横綱は)綾川、丸山と申す者に伝授したことがあるが、その時の書類は火事で失った」とうまく体裁を整えて、事なきを得ている。

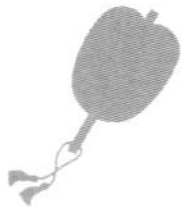

「横綱」は「最強」じゃなかった? 称号だったころの横綱

19世追風は、谷風、小野川の横綱免許の時点では、恒久的な制度とは考えていなかったようだ。その証拠に次の横綱免許の阿武松《おうのまつ》まで、30数年も間が空いている。谷風の後輩で、史上最強力士と称される雷電に、横綱の沙汰がなかったこともそれを裏付ける。いずれにしても、19世の大博打は見事大成功を収め、谷風と小野川に横綱免許を与え、徳川家斉の上覧相撲を取り仕切ったことで、吉田司家は相撲の故実を伝える家として、全国的権威を確立した。

しかし当然、それをおもしろく思わない勢力もあった。その筆頭が前記の五条家で、その目代だった吉田家から権威を取り戻そうと目をつけたのが、人気を集めながら埃をかぶった状態の横綱だった。

五条家は起死回生をたくらみ、文政6（1823）年の京都場所中、柏戸、玉垣に横綱免許を与えた。しかし柏戸はその場所休場、玉垣ももらった横綱を木戸口に飾っただけで土俵入りは行わず、結局この横綱はうやむやになってしまった。

それでもこの一件は19世の次を継いだ20世吉田追風をかなり刺激することになった。町奉行所に働きかけ、文政10（1827）年に幕府より江戸相撲取締役に任ぜられた。江戸相撲の年寄・行司はすべて吉田家の門人となったのである。

そして翌年、文政11（1828）年2月には阿武松に横綱免許を与え、これ以降、恒久的な制度として現在まで連綿と続いているのである。とはいえ**江戸から明治にかけての横綱はあくまでも強豪大関に与えられる称号だった。大相撲の三役とは従来どおり小結、関脇、大関を指し、横綱制度が定着しても、大関が最高位だったことに変わりはなかった。**

クレームからできた？ 地位としての「横綱」の確立

初めて横綱の文字が番付に載ったのは明治23（1890）年夏場所の西ノ海だった。同年の3月に横綱免許を受けたが、番付では後進の小錦（初代）に大関の正位を譲り、張り出されることになった。これに西ノ海がクレームをつけたため、協会は番付に初めて横綱と明記して事態を収拾させた。もちろん番付の横綱の文字は形式的なもので、依然地位は大関だった。

また、**横綱を大関から分けて考え、順番をつけて並べたのは、相撲協会でも吉田司家でもなく、幕末の横綱・陣幕だった。**陣幕は横綱免許のあった大関だけを名誉ある横綱力士と考え、引退後の明治24（1891）年頃に代数をつけた。

その際、実質の初代横綱・谷風の前に、伝説の日下開山《ひのしたかいざん》（天下一の別称で、のちに横綱力士を指す言葉となる）の明石《あかし》を初代とし、都合上横綱免許を与えられたことになっている綾川と丸山を2代、3代に配した独自のものだった。ところがその名を刻んだ「横綱力士碑」を明治33（1900）年に深川の富岡八幡に完成させたため、この順番が一般的に

東京都江東区の富岡八幡宮に鎮座する横綱力士碑。横綱に昇進した力士はこの神社で刻名奉告祭を行う

なってしまった。

　こうした一連の流れが横綱を地位として考える前提となり、旧・両国国技館オープン直前の明治42（1909）年2月に、「横綱大関（横綱を許された大関）の称号は従来最高級力士と称せしも爾来《じらい》最高位置の力士と改称する」と、横綱が地位ということを明文化したのである。以後、横綱・大関は別格扱いとなり、関脇・小結を三役と呼ぶことが一般的になっていった。

　しかし、一部には横綱を地位ととらえることにまだ疑問視する声も存在した。

　そこで、昭和26（1951）年1月27日付で、相撲協会と吉田司家と絶縁する際に「横綱は今日すでに力士の地位になっている。協会は大関以下の全力士の地位を決定すると同様今後横綱を最高地位としてこれを決定する」という覚書が交わされた。

明治42（1909）年に決定したことを再確認したのである。

「横綱は降格しない」は実は誰も決めていなかった！

ただし、こうして横綱が地位化した経緯はわかっても、横綱力士は降格しないということは誰も決めていないことがわかる。

現に称号の時代とはいえ、不知火諾右衛門は大関から関脇に陥落している。

番付上の地位に関する取り決めは、明治22（1889）年に遡る。警視庁に出した角觝《すもう》並行司取締規則に基づき、相撲会所が協会に改まった時に、規約が必要となった。

そこで明治19（1886）年に暫定的に作成された相撲仲間申合規則が寄付行為と適用され、番付の地位についてきちんと書かれていた。

その中で大関に関しては「二期大角力興行の際病気と称し出勤せざる時は席次を一枚ずつ降下するものとする」と書かれてあるが、横綱に関してはまだ地位ではなかったので、当然、何も触れられてはいなかった。

本来、横綱が降格をするかどうかは、地位と定めた明治42（1909）年に、はっきりと論議すべきだった。地位化されても横綱だけは不在でも構わない。つまり称号だった名残があるため、降格などという話にならなかったのかもしれない。

純粋にスポーツの地位として考えた場合、昇進時の強さを維持できなければ引退しか道がないというのも不条理な話。勝ったり負けたりするのがスポーツだからだ。

引き分け、預かり制度が廃止された昭和以降に誕生した横綱は現役を除くと37人に上るが、勝率が8割を超えたのは玉錦、双葉山、大鵬、玉の海、北の湖、千代の富士、貴乃花、朝青龍のわずか8人にすぎない。

勝率8割というのは1場所に均すと12勝になるが、これは当然、常に12勝以上という意味ではない。14勝した後なら10勝でも、全勝した後なら9勝でも平均12勝になる。

しかしこのハードルでもクリアすることはかなり難しく、小兵の大横綱といわれた栃錦、初代若乃花、強かったイメージのある柏戸や輪島も勝率8割を下回っている。

たとえば野球なら3割の打率を残せば一流バッターとして称賛される。それはイチローのような優れたバッターでも、4割、5割というアベレージを達成することが困難だとわかっているからだ。

ところが横綱の場合、合格点の基準をどこにおくかまったく考慮されておらず、極端な場合、全勝以外の成績が批判の対象になることもある。

まだまだ現役として十分取れる力を有しながら、横綱ゆえに引退させられた例は枚挙に暇がない。

最近は朝青龍、白鵬の活躍によって、かつてないほど横綱の強い時代が続いている。しかしこれを肯定的にとらえる相撲関係者は少ない。貴乃花の時代に比べれば、ほかの力士の横綱に向かっていく気迫が薄れ、研究不足も目立つ。外国出身力士同士の対戦は内容に乏しいものが多く、日本人力士はレベルダウンが著しい。

朝青龍や白鵬の成績を横綱のスタンダードな基準にしてしまうと、今後の横綱の成績が人気の足を引っ張る可能性もある。

平成27（２０１５）年九州場所の日馬富士に対し、一部マスコミでは成績によっては進退がかかる可能性も、と報じた。同年の日馬富士は初場所11勝、春場所10勝、夏場所11勝、名古屋場所１勝１敗13休、秋場所全休で九州に臨んでいる。

しかし、過去の横綱の成績をじっくりと見てもらいたい。間違っても進退がかかるほど追い込まれた成績ではないことはすぐにわかるはずだ。

栃錦は、引退直後の昭和35（1960）年に「相撲」12月号増刊（ベースボールマガジン社）で、当時TBSの相撲中継を担当していた小坂秀二アナウンサーと対談。

小坂氏が「横綱としての最低ラインはいくつぐらいですか？」と質問すると「11勝ですね」と答えている。事実、昭和20年代から30年代前半までの横綱は、二桁勝てばそれほど非難されなかった。

横綱には様々な俗説がまかり通り、まだまだはっきりしないことも多い。場当たり的な事実の積み重ねで、現在の横綱制度が成り立っているともいえる。

歴史的事実を認識した上で、世界に誇るべき文化遺産である横綱を、どういう形で後世に伝えていくか、もう一度考察する必要があるのではないだろうか。

大相撲の神髄・横綱土俵入り

パフォーマンスとしてはじまった横綱土俵入り

横綱は紆余曲折を経て地位となったが、それまでは綱を締めて土俵入りを行う資格免許であった。

19世吉田追風指導のもと、本邦初の横綱土俵入りを披露した谷風、小野川だが、それがどんな形式であったかは明確には伝わっていない。

おそらく集団で行う関取の土俵入りを原型に、見栄えよくアレンジしたのであろう。最初だけにきちっとした作法があったとも思われず、せり上がりもなかったものと推測される。

大正時代の横綱・栃木山による横綱土俵入り

本当は逆だった？　雲龍型と不知火型

現在行われている横綱土俵入りには、江戸末期の横綱・雲龍と不知火が演じたとされている二つの型がある。その雲龍型と不知火型の一番の相違点はせり上がる時の形で、雲龍型が左腕を曲げてわき腹に当て、右手だけを横に広げるのに対し、不知火型は両腕を大きく広げる。

ところが雲龍や不知火は、錦絵や写真は存在するものの、実際にどんな形式で土俵入りを行ったのかはわかっていない。ただしそのころからせり上がりが定着するなど、横綱土俵入りがよりショーアップされたことは間違いないようだ。

マスコミが土俵入りの型に関心を持ち始めたのは、明治44（1911）年春（2月）場所後に、太刀山が横綱に昇進した時だった。**太刀山は、現在でいうところの不知火型で土俵入りを行ったが、ほとんどの新聞や雑誌が雲龍型と報じている。**何よりも太刀山本人の談話として「この型は、庄之助に勧められた横綱雲龍の型です」と断言している。

ところが東京日日新聞、やまと新聞のわずか2紙だけが、何故か不知火光右衛門の型と説明している。これは行司が適当に口走ったことを、真偽も確かめずに、そのまま書いたことが真相だといわれている。

次の横綱・鳳は、2代目梅ケ谷の型を踏襲した。今でいう雲龍型だったが、新聞はすべて不知火型となっており、太刀山のときのような混乱はなかった。

真実はどこに？ 定着してしまった勘違い

しかし、太刀山の時の誤報が後世まで尾を引くことになる。昭和15（1940）年夏（5月）場所に横綱に昇進した羽黒山は太刀山型の土俵入りを行ったが、これを協会嘱託だっ

平成 20（2008）年 1 月 7 日　明治神宮で行われた朝青龍による雲龍型土俵入り（毎日新聞社）

平成 19（2007）年 7 月 8 日　名古屋場所初日に本場所初披露となった白鵬による不知火型土俵入り（毎日新聞社）

明治 44（1911）年横綱仮免許の日に招魂神社（現在の靖国神社）で行われた太刀山の土俵入り

た彦山光三氏が不知火型とし、それも光右衛門ではなく、その3代前の諸右衛門の型と断定したのである。その根拠が、両腕を広げて立っている不知火諸右衛門の錦絵1枚だけという説得力に欠けるものだった。

しかし、当時、相撲史に精通していると評判だった人物の見解だったため、あっというまに一般的に広まり、ならばもう一つの型は雲龍型ということで定着してしまったのである。

これらのことを考察してみると、**現在の雲龍型と不知火型はあべこべだったと考えるほうが自然なようだ**。そして正確には不知火型は太刀山が、雲龍型は2代目梅ヶ谷が完成させたことは間違いない。現在の名称が完全に定着しているので、いまさら変更するようなことでもないだろうが、歴史的事実は認識する必要があるだろう。

そして彦山氏によって流布されたもう一つの誤解が、「片腕を伸ばす雲龍型は攻守兼備で、両腕を広げる不知火型は攻めのみを表す」というもの。これは日馬富士が横綱昇進した時にでさえ、多くのマスコミに報じられた。

しかしこの説は、秀ノ山（元・笠置山）が、戦時中に彦山氏に羽黒山の土俵入りのことを聞かれ、攻めのみの型と思いつくまま答えてしまったと、後年吐露している。つまりなんの根拠もない説なのである。バランスが悪いとされた不知火型などは、一時邪道扱いされたことさえある。

天を差すように上げた足が、地の邪悪なものを払うように振り下ろされ、力強くせり上がる——。天と地を結び、五穀豊穣を願う横綱土俵入りこそ、大相撲の真髄が凝縮されている。

横綱・大関の昇進と進退

横綱も降格の可能性!? 揺れる横綱制度

江戸勧進相撲のころは称号でしかなかった横綱だが、紆余曲折を経て、明治の中ごろに地位化の道を辿り、昭和10年代、ナショナルヒーロー双葉山によって横綱の権威はある意味でのピークを迎えた。

双葉山の引退は敗戦と時を同じくするように昭和20（1945）年のことだった。その後、戦前からの価値観が一変する中、横綱力士及び横綱制度は揺れに揺れた。

戦後初の横綱・前田山は昭和24（1949）年秋（10月）場所、休場中にもかかわらず、来日中のサンフランシスコ・シールズとの日米野球を観戦したことが報じられ、詰め腹を切らされるような形で引退を余儀なくされた。横綱勝率はわずか4割7分1厘だった。

翌昭和25（1950）年春（1月）場所は横綱・東富士、照国《てるくに》、羽黒山の3横綱が次々と途中休場。5日目には横綱不在となってしまった。

マスコミや好角家から激しい非難を浴びた相撲協会は、急遽、場所中に緊急理事会を開き、横綱制度について初めて真剣に話し合った。激論は次第にエスカレートしていき、**「横綱も大関同様、2場所連続で負け越せば地位を下げる」と決定し、発表してしまった。**

面白いのは照国の反応で、「横綱だって地位が下がったほうが、かえって気楽だ」と歓迎のコメントを残している。ところがマスコミや世論はそろって意外な反応を示した。

「横綱は選手権ではない。選手権同様のよい成績を長く収めて、初めて許された称号である。力がなくなれば引退する以外にない」「格下げされて、おめおめと土俵にしがみついている元横綱など、これ以上の恥はあるまい」「格下げしてまで横綱の名を使わなければならないなら、横綱の名称は大相撲から返上して、先人の築いた名誉を守るべきだ」「伝統ある横綱は品位と格式のあるもの、格下げとは何事か」

協会の思惑とは裏腹に、「横綱はチャンピオンではない」と、横綱降格に反対の声をあげたのである。

あまりの反発に慌てた協会は、前言を翻し春場所後に横綱審議員会（以下、横審）の設立を決めた。タイミングよく、横綱に関する決定権を持っていた「吉田司家」が、空襲で失った財産の経済再建中に、民事裁判沙汰を引き起こすなどの不祥事を起こしたこともあり、司家から権限を取り上げた。そして有識者を集めて横綱の昇進を委ねることにしたのである。

昭和25（1950）年春（1月）場所の優勝は12勝3敗の千代の山だった。前場所の昭和24（1949）年秋（10月）場所、新大関の場所を13勝2敗で制していたため連続優勝だったが、横綱を巡って迷走している時期だったこともあり、横綱昇進は見送られた。以降、大関で連覇を果たしながら横綱を見送られた例は皆無である。

しかし横審は、昭和26（1951）年夏場所に千代の山が3回目の優勝を決めると、「待ってました」とばかりに横綱推挙を決めた。優勝の前の場所は8勝7敗と極端な不振だったが、連続優勝時の大関据え置きが考慮されたのだろう。

余震はまだ続いた。やや安定性に欠ける千代の山は、横綱に昇進後もあまり芳しい成績を収められず、昭和28（1953）年春場所には2日目から4連敗を喫してしまう。苦悩した千代の山は「大関から再スタートさせてほしい」と前代未聞の横綱返上を相撲協会に申し入れた。

しかし協会は「今まで例がないので、横綱の地位返上など考えられない」と却下。「横綱降格」が否定されたばかりだったこともあり、横綱が不振に陥った場合は、引退しかないことを改めて強調したのである。

強い横綱を作る「お目付け役」として発足した横審だが、最初に推薦した千代の山の例を見てもわかるとおり、昇進基準が厳格化されたわけではなかった。そこで横綱制度について数回の会合を持ち、昭和33（１９５８）年初場所前、次のような内規を発表した。

一、横綱に推薦する力士は、品格、力量が抜群であること。
二、今後の横綱推薦に対しては、横綱審議委員会が、大関で二場所連続優勝した力士を推薦することを原則とする。
三、第二に準ずる好成績をあげた力士を推薦する場合は、全委員一致の決議を必要とする。

（以下略）

ちなみに第三項末尾の「全委員一致の決議を必要とする」の部分は、その後二度改定された。内規作成直後の同年5月に「全委員の三分の二以上」に、昭和63（１９８８）年3月には「出席委員の三分の二以上」と改められ、現在に至っている。

横審発足後の横綱昇進成績

四股名	新横綱場所	3場所前	2場所前	直前場所	3場所通算成績
千代の山	昭和 26.9	11-4	8-7	14-1 ③	33 勝 12 敗
鏡里	昭和 28.3	11-4	12-3	14-1 ①	37 勝 8 敗
吉葉山	昭和 29.3	14-1	11-4	15-0 ①	40 勝 5 敗
栃錦	昭和 30.1	9-6	14-1 ③	14-1 ④	37 勝 8 敗
昭和33年1月　内規制定					
若乃花(初代)	昭和 33.3	11-4	12-3	13-2 ②	36 勝 9 敗
朝潮	昭和 34.5	14-1 ④	11-4	13-2	38 勝 7 敗
柏戸	昭和 36.11	10-5	11-4	12-3	33 勝 12 敗
大鵬	昭和 36.11	11-4	13-2 ②	12-3 ③	36 勝 9 敗
栃ノ海	昭和 39.3	11-4	14-1 ②	13-2	38 勝 7 敗
佐田の山	昭和 40.3	13-2	13-2	13-2 ③	39 勝 6 敗
玉の海	昭和 45.3	13-2 ②	10-5	13-2	36 勝 9 敗
北の富士	昭和 45.3	12-3	13-2 ②	13-2 ③	38 勝 7 敗
琴桜	昭和 48.3	9-6	14-1 ③	14-1 ④	37 勝 8 敗
輪島	昭和 48.7	11-4	13-2	15-0 ②	39 勝 6 敗
北の湖	昭和 49.9	10-5	13-2 ②	13-2	36 勝 9 敗
若乃花(2代目)	昭和 53.7	13-2	13-2	14-1	40 勝 5 敗
三重ノ海	昭和 54.9	10-5	13-2	14-1	37 勝 8 敗
千代の富士	昭和 56.9	11-4	13-2	14-1 ②	38 勝 7 敗
隆の里	昭和 58.9	12-3	13-2	14-1 ②	39 勝 6 敗
双羽黒	昭和 61.9	10-5	12-3	14-1	36 勝 9 敗
北勝海	昭和 62.7	11-4	12-3 ②	13-2	36 勝 9 敗
大乃国	昭和 62.11	15-0 ①	12-3	13-2	40 勝 5 敗
旭富士	平成 2.9	8-7	14-1 ②	14-1 ③	36 勝 9 敗
曙	平成 5.3	9-6	14-1 ②	13-2 ③	36 勝 9 敗
貴乃花	平成 7.1	11-4	15-0 ⑥	15-0 ⑦	41 勝 4 敗
若乃花(3代目)	平成 10.7	10-5	14-1 ④	12-3 ⑤	36 勝 9 敗
武蔵丸	平成 11.7	8-7	13-2 ④	13-2 ⑤	34 勝 11 敗
朝青龍	平成 15.3	10-5	14-1 ①	14-1 ②	38 勝 7 敗
白鵬	平成 19.7	10-5	13-2 ②	15-0 ③	38 勝 7 敗
日馬富士	平成 24.11	8-7	15-0 ③	15-0 ④	38 勝 7 敗
鶴竜	平成 26.5	9-6	14-1	14-1 ①	37 勝 8 敗

※成績横の◯は優勝場所（数字は回数）

この内規で横審が一番論議してきたことは、第三項の「準ずる」の解釈である。内規制定後、昭和期の横綱18人のうち、2場所連続優勝で昇進したのは大鵬、北の富士、琴桜のわずか3人。残りの15人は「準ずる」成績で横綱になったわけだが、朝潮、柏戸、玉の海、2代目若乃花、三重ノ海、双羽黒、大乃国の7人は直前2場所に優勝がない。

特に柏戸の直前3場所の成績は、10勝、11勝、12勝（優勝同点＝決定戦敗退）と、優勝ゼロのわずか33勝。その昇進理由が「実力において、なんら大鵬に劣るところはない」というものだから、いかに第三項が拡大解釈されてきたかがわかる。

横綱になれなかった大関、まわり道した大関

このように、協会も横審もなるべく多くの横綱を誕生させようとする温情主義が、平成になって豹変する。

旭富士から、ちょうどその弟子となる日馬富士まで、8人続けて大関での連続優勝で昇進を決めている。こうした状況に、「連覇以外に横綱昇進を認めないなら、横審は不要なのでは？」という声さえ上がり始めていた。

しかし、平成26（2014）年初場所に鶴竜が14勝1敗で優勝同点の好成績を挙げると、翌春場所に14勝1敗の初優勝。平成も四半世紀を過ぎてようやく「準ずる成績」での横綱昇進を果たした。

厳格化の背景には、一度も優勝しないまま横綱になり、優勝を果たせぬまま失踪騒ぎを起こし、昭和62（1987）年に廃業してしまった双羽黒の存在がある。この事件を契機に昇進基準を厳しくしようという機運が盛り上がったからだ。

平成になり、昭和時代なら確実に昇進できる成績にもかかわらず、見送られるケースが相次いだ。

旭富士が平成元（1989）年初場所から夏場所まで、14勝（優勝同点）、13勝、13勝（優勝同点）と好成績を挙げながら諮問されなかった。

小錦は史上初の外国人横綱という名誉を逃した。平成元（1989）年九州場所から平成2（1990）年春場所の14勝（優勝①）、10勝、13勝（優勝同点）はともかく、平成3（1991）年九州場所から平成4（1992）年春場所までの13勝（優勝②）、12勝、13勝（優勝③）は、以前なら確実に横綱昇進を果たしていた。当時小錦の「人種差別で横綱になれない」という旨の発言が問題となったが、過去の昇進例と比べると疑問が生じるのも当然で、その気持ちは察するにあまりある。

最大の犠牲者は貴乃花だった。新大関だった平成5（1993）年春場所から名古屋場所まで11勝、14勝（優勝③）、13勝（優勝同点）とハイスコアを挙げ続けても諮問されなかった。もし、この時に昇進を果たしていれば、年齢は20歳11か月。北の湖の持っている21歳2か月の記録を更新し、年少記録のタイトルをすべて保持することになった。

北の湖が新大関から10勝、13勝（優勝②）、13勝（優勝同点）と、貴乃花より劣る成績で昇進を果たしているだけに、割り切れない気持ちを持った貴乃花ファンは多かったはずだ。

貴乃花は翌年、平成6（1994）年夏場所から秋場所まで14勝（優勝⑤）、11勝、15戦全勝（優勝⑥）の成績を挙げ、ようやく横審に諮問された。しかし、連覇ではないということから委員の3分の2以上の賛成を得られず、見送りの答申。九州場所もパーフェクトVという連続全勝で横綱に昇進したが、優勝回数は大関以下では最多の7回を数えていた。

武蔵丸も横綱昇進に回り道を余儀なくされた。平成6（1994）年夏場所から翌7（1995）年初場所まで12勝（準優勝）、15戦全勝（優勝①）、11勝、12勝（準優勝）、13

勝（優勝同点）と好成績が続いた。一昔前の審査基準が甘い頃なら、昇進してもおかしくない成績が二度ほどあったが、もちろん諮問さえされなかった。

その後も魁皇《かいおう》が平成16（２００４）年秋場所13勝（優勝⑤）、九州場所12勝（準優勝）、栃東が平成18（２００６）年初場所14勝（優勝③）、春場所12勝、白鵬が平成18（２００６）年夏場所14勝（優勝①）、名古屋場所13勝（準優勝）と、優勝後の好成績での見送り例は続いた。

特に魁皇の５回の優勝は、大関以下では史上最多の数となっている。横審設立後、現役を除くと28人の横綱が誕生しているが、約半数の13人が、優勝回数が５回以下であることを考えると、昭和以降では史上最強の大関といっていいだろう。

昇進基準を厳しくすることが力士の寿命にも影響する？

横綱昇進に呼応するかのように、大関昇進の基準も厳しくなっている。

大関昇進に関しては、横綱のような明確な基準は存在しない。昭和50年代頃までは、「三役３場所30勝以上」が一応の目安とされていたが、当時はケースバイケースで弾力的に判断されていた。

現に初代・若乃花、北葉山、北の富士は3場所通算28勝、朝潮（元・横綱）は29勝で昇進している。

ところが徐々に昇進のハードルが上がっていき、最近では「三役3場所33勝以上」というのが基準となっている。

平成に入って23人の大関が誕生しているが、3場所通算32勝の千代大海、稀勢の里、豪栄道の3人以外は、全員33勝以上の数字をクリアしている。

「強い横綱・大関をつくるため」。昇進基準を厳しくする時には、必ず使われる常套句だが、特に大関の場合には、昇進時とその後の成績に必ずしも相関関係があるわけではない。むしろあまりじっくりと見すぎると、力士のピーク時を逃してしまったり、昇進前に力士寿命を消耗させてしまう弊害も生じる。

3場所通算37勝の豊山、北天佑《ほくてんゆう》、36勝の琴欧洲《ことおうしゅう》が大関止まりなのに対して、28勝の初代若乃花、北の富士は横綱に昇進している。

魁皇、武双山《むそうやま》などは、昭和時代なら、もっと勢いのあるうちに大関昇進を決めていたはずだ。そうなれば、横綱まで昇進していた可能性も捨てきれない。

昭和30年以降の大関昇進成績

四股名	新大関場所	3場所前	2場所前	直前場所	3場所通算成績
大内山	昭和30年 5月	9-6（関脇）	11-4（関脇）	13-2（関脇）	33勝 12敗
松登	昭和31年 1月	11-4（関脇）	8-7（関脇）	13-2（関脇）	32勝 13敗
若乃花（初代）	昭和31年 1月	10-4-1（関脇）	8-7（関脇）	10-4-1（関脇）	28勝 15敗 2分
朝潮（4代目）	昭和32年 5月	8-7（関脇）	8-7（関脇）	13-2（関脇）②	29勝 16敗
琴ヶ浜	昭和33年 5月	10-5（関脇）	11-4（関脇）	13-2（関脇）	34勝 11敗
若羽黒	昭和34年11月	7-8（関脇）	11-4（小結）	12-3（関脇）	30勝 15敗
柏戸	昭和35年 9月	9-6（関脇）	10-5（関脇）	11-4（関脇）	30勝 15敗
大鵬	昭和36年 1月	11-4（小結）	12-3（関脇）	13-2（関脇）①	36勝 9敗
北葉山	昭和36年 7月	8-7（関脇）	9-6（関脇）	11-4（関脇）	28勝 17敗
佐田の山	昭和37年 5月	8-7（関脇）	9-6（関脇）	13-2（関脇）②	30勝 15敗
栃ノ海	昭和37年 7月	9-6（関脇）	9-6（関脇）	14-1（関脇）①	32勝 13敗
栃光	昭和37年 7月	11-4（前4）	10-5（小結）	13-2（関脇）	34勝 11敗 ※
豊山	昭和38年 3月	12-3（前2）	12-3（関脇）	13-2（関脇）	37勝 8敗 ※
北の富士	昭和41年 9月	8-7（関脇）	10-5（関脇）	10-5（関脇）	28勝 17敗
玉の海	昭和41年 11月	10-5（関脇）	9-6（関脇）	11-4（関脇）	30勝 15敗
琴桜	昭和42年11月	10-5（小結）	11-4（関脇）	11-4（関脇）	32勝 13敗
清国	昭和44年 7月	10-5（小結）	9-6（関脇）	12-3（関脇）	31勝 14敗
前の山	昭和45年 9月	9-6（関脇）	12-3（関脇）	13-2（関脇）	34勝 11敗
大麒麟	昭和45年11月	9-6（関脇）	12-3（関脇）	12-3（関脇）	33勝 12敗
貴ノ花	昭和47年 11月	11-4（小結）	12-3（関脇）	10-5（関脇）	33勝 12敗
輪島	昭和47年 11月	12-3（関脇）①	8-7（関脇）	13-2（関脇）	33勝 12敗
大受	昭和48年 9月	10-5（小結）	11-4（関脇）	13-2（関脇）	34勝 11敗
北の湖	昭和49年 3月	8-7（小結）	10-5（関脇）	14-1（関脇）①	32勝 13敗
魁傑	昭和50年 3月	7-8（関脇）	12-3（小結）①	11-4（関脇）	30勝 15敗
三重ノ海	昭和51年 1月	8-7（関脇）	11-4（関脇）	13-2（関脇）①	32勝 13敗
旭国	昭和51年 5月	8-7（関脇）	12-3（関脇）	13-2（関脇）	33勝 12敗
若乃花（2代目）	昭和52年 3月	11-4（関脇）	11-4（関脇）	11-4（関脇）	33勝 12敗
魁傑◇	昭和52年 3月	14-1（前4）②	11-4（関脇）	11-4（関脇）	36勝 9敗 ※
増位山	昭和55年 3月	8-7（小結）	11-4（関脇）	12-3（関脇）	31勝 14敗
千代の富士	昭和56年 3月	10-5（小結）	11-4（関脇）	14-1（関脇）①	35勝 10敗
琴風	昭和56年11月	9-6（関脇）	10-5（関脇）	12-3（関脇）①	31勝 14敗

※は3場所前平幕、◇は2度目の昇進

四股名	新大関場所	3場所前	2場所前	直前場所	3場所通算成績
隆の里	昭和57年 3月	10-5(小結)	11-4(関脇)	12-3(関脇)	33勝 12敗
若嶋津	昭和58年 1月	10-5(小結)	12-3(関脇)	12-3(関脇)	34勝 11敗
朝潮(5代目)	昭和58年 5月	9-6(前1)	14-1(関脇)	12-3(関脇)	35勝 10敗 ※
北天佑	昭和58年 7月	11-4(関脇)	12-3(関脇)	14-1(関脇)①	37勝 8敗
大乃国	昭和60年 9月	9-6(関脇)	10-5(関脇)	12-3(関脇)	31勝 14敗
双羽黒	昭和61年 1月	12-3(前1)	11-4(関脇)	12-3(関脇)	35勝 10敗 ※
北勝海	昭和61年 9月	13-2(関脇)①	11-4(関脇)	12-3(関脇)	36勝 9敗
小錦	昭和62年 7月	10-5(関脇)	11-4(関脇)	12-3(関脇)	33勝 12敗
旭富士	昭和62年11月	10-5(関脇)	11-4(関脇)	12-3(関脇)	33勝 12敗
霧島	平成 2年 5月	10-5(小結)	11-4(小結)	13-2(関脇)	34勝 11敗
曙	平成 4年 7月	13-2(小結)	8-7(関脇)	13-2(関脇)①	34勝 11敗
貴乃花	平成 5年 3月	14-1(小結)②	10-5(関脇)	11-4(関脇)	35勝 10敗
若乃花(3代目)	平成 5年 9月	14-1(小結)①	10-5(関脇)	13-2(関脇)	37勝 8敗
武蔵丸	平成 6年 3月	8-7(関脇)	13-2(関脇)	12-3(関脇)	33勝 12敗
貴ノ浪	平成 6年 3月	10-5(関脇)	12-3(関脇)	13-2(関脇)	35勝 10敗
千代大海	平成11年 3月	9-6(関脇)	10-5(関脇)	13-2(関脇)①	32勝 13敗
出島	平成11年 9月	9-6(小結)	11-4(関脇)	13-2(関脇)①	33勝 12敗
武双山	平成12年 5月	10-5(小結)	13-2(関脇)①	12-3(関脇)	35勝 10敗
雅山	平成12年 7月	12-3(小結)	11-4(関脇)	11-4(関脇)	34勝 11敗
魁皇	平成12年 9月	8-7(小結)	14-1(小結)①	11-4(関脇)	33勝 12敗
栃東	平成14年 1月	10-5(関脇)	12-3(関脇)	12-3(関脇)	34勝 11敗
朝青龍	平成14年 9月	11-4(関脇)	11-4(関脇)	12-3(関脇)	34勝 11敗
琴欧州	平成18年 1月	12-3(小結)	13-2(関脇)	11-4(関脇)	36勝 9敗
白鵬	平成18年 5月	9-6(小結)	13-2(関脇)	13-2(関脇)	35勝 10敗
琴光喜	平成19年 9月	10-5(関脇)	12-3(関脇)	13-2(関脇)	35勝 10敗
日馬富士	平成21年 1月	10-5(関脇)	12-3(関脇)	13-2(関脇)	35勝 10敗
把瑠都	平成22年 5月	9-6(関脇)	12-3(関脇)	14-1(関脇)	35勝 10敗
琴奨菊	平成23年11月	10-5(関脇)	11-4(関脇)	12-3(関脇)	33勝 12敗
稀勢の里	平成24年 1月	10-5(関脇)	12-3(関脇)	10-5(関脇)	32勝 13敗
鶴竜	平成24年 5月	10-5(関脇)	10-5(関脇)	13-2(関脇)	33勝 12敗
豪栄道	平成26年 9月	12-3(関脇)	8-7(関脇)	12-3(関脇)	32勝 13敗
照ノ富士	平成27年 7月	8-7(前2)	13-2(関脇)	12-3(関脇)①	33勝 12敗 ※

朝青龍のライバルとして大関争いでしのぎを削っていた琴光喜も、平成13（２００１）年秋から３場所で、優勝を含む34勝を挙げながら見送られた。起点場所が平幕だったとはいえ、昭和時代なら確実に大関に昇進していた成績である。

その後の琴光喜は明らかにモチベーションが下がり、怪我をしたこともあって低迷を余儀なくされた。朝青龍に先んじて大関に昇進していれば、全く違った相撲人生を歩んでいただろう、と多くの相撲関係者は指摘する。

数字だけでは決められない？ 横綱・大関の昇進

こうして見てくると、平成の横綱・大関昇進は、昭和時代に比べると著しく整合性を欠いている。稀勢の里が平成24（２０１２）年九州場所、32勝で大関を決めた時には、甘い昇進と批判したマスコミも多かったが、藤島審判委員（元大関・武双山）は「我々は玄人。稀勢の里の内容がどれだけいいかはわかっている。ただの白黒だけじゃなく、胸に伝わってくるものがある」ときっぱりと言ってのけた。

これはまさに正鵠《せいこく》を射た発言だ。上位に昇進させる場合に、星数も重要だが、それ以上に内容も吟味する必要がある。その点、昇進場所の稀勢の里の相撲内容は、近年では出色の出来だった。しかし戦後の角界では、最も相撲内容が充実していたと思われる貴乃花でさえ、なかなか日下開山の座につかせなかったのだから、過去の昇進時に踏み込んだ議論をしたとはとても思えない。

内容重視となると、本物を見極める確かな目が必要になるが、大相撲の場合、なかなか一筋縄ではいかない面が多い。昇進をかけた場所に一気に相手を圧倒した相撲が、必ずしも内容的に優れているとはいえないこともあるからだ。

特に、リップサービスのつもりかもしれないが、場所前に「〇勝以上したら大関」、あるいは「横綱」といった談話は、協会内部の人間は自粛すべきだと感じる。力士が不要な星勘定をしてしまう可能性もあるからだ。「場所が終わったあと、内容を見て決める」のひとことで十分といえる。

藤島親方の見解が的確だったように、**相撲を見る目が一番正しいのは、やはり力士ＯＢだ。横綱昇進も横審に委ねるのではなく、協会独自の判断で決めるのが本来のあるべき姿だろう。不公平感をなくすためにも、横綱・大関に昇進するための基準を再検討してもらいたい。**

■終章■

これからの相撲界を考える

一体、誰が「最強の横綱」？
記録だけでは測れない強さ

平成15（２００３）年初場所、「平成の角聖」貴乃花が引退を決意。相撲界は朝青龍、次いで白鵬が時代の覇者として君臨した。

モンゴル人力士時代の一番の特徴は、わずか10年あまりの間に、約60年の歴史を誇る年6場所制での記録が、いともたやすく塗り替えられたことにある。

昭和53（１９７８）年に北の湖が樹立した82勝の年間最多勝利は、平成17（２００５）年に朝青龍が84勝と更新し、平成21（２００９）年に白鵬がさらに2勝上積みして86勝の記録を作った。朝青龍は最多勝を更新した年に、史上初の年間（初場所から九州まで）完全制覇も成し遂げた。

連続優勝は、大鵬の6連覇が長い間アンタッチャブルレコードとして輝いていたが、朝青龍、白鵬ともそろって7連覇を達成。連勝記録も千代の富士の53連勝が最高だった（年2場所時代には双葉山が69連勝）が、白鵬が平成22（２０１０）年に63連勝を記録した。

平成27（２０１５）年初場所には、白鵬が33回目の優勝を決め、不滅と思われた大鵬の

32回超えを果たした。大鵬の全勝優勝8回も大変な偉業と称えられていたが、白鵬はこちらも11回のパーフェクトVを達成している。全勝優勝は、名横綱といわれる栃錦と若乃花（初代）がともに1回のみという事実が物語るように、過去においては苦労のすえに勝ち取らなければ、なかなか手に入らない栄冠だった。

昭和から平成にかけて、15日制のもとで連続全勝優勝を果たしたのは、双葉山、大鵬、千代の富士、貴乃花の４人にすぎない。それが平成16（２００４）年から24（２０１２）年のわずか9年で、朝青龍、白鵬、日馬富士と３人の力士が成し遂げている。

数々の偉業を達成した朝青龍と白鵬の両横綱だが、かつての大横綱たちの鍛練ぶりに比べると、質、量ともに見劣りするという声は多い。取材を通じたなかで、稽古場での強さも「記録ラッシュを生むほど抜きん出ているとは思えない」との意見も出ている。

「昭和の大横綱」大鵬といえば、全盛時代に佐田の山、栃ノ海、栃光、豊山、北葉山の5大関を相手に30番以上の番数をこなし、1番も負けなかった「レジェンド稽古」が有名だ。

白鵬も63連勝を記録するなど一番脂の乗り切った平成22（２０１０）年の夏場所前に、横審の総見稽古で、把瑠都、魁皇、日馬富士、琴光喜、琴欧洲の5大関を相手に稽古を行ったことがある。

大鵬が相手をした5大関が、そろって横綱を目指していた生きのいい力士だったのに対し、白鵬のほうはベテランも混じっていたが、結果は11勝6敗。大鵬の際立った強豪ぶりを改めて認識させる結果となってしまった。

陸上や水泳のような個人競技の記録の場合、新記録を達成すれば、必ず前記録の保持者を超えたことになるが、対人競技である相撲の場合は一概にそうともいえない。

相撲界の多くのタイトルホルダーとなったことで、白鵬が最強横綱だとする媒体も目立つ。確かに白鵬は、下位に力士に取りこぼさない点では古今屈指と言ってもいい。相撲は短時間で勝負が決まるため、力の差があっても本場所では黒星を喫することがある。その点、下位の力士に対する白鵬の相撲は、組んでも離れてもあまり破綻をきたすことがなく、安定感が抜群である。

研究熱心なことにも定評がある。下位時代だけではなく、横綱になっても相撲に関してわからないことがあると、筆者のような記者に対しても、いろいろな質問をしてくることがあった。

また、横綱として8年以上も休場がなかったことも偉業と称えていいだろう。目に見えないところで、体幹を鍛えるなどの努力をしているはずだ。

しかし、白鵬が古今の中でナンバーワンのグランドチャンピオンかというと、多くの関係者の声は否定的である。むしろ最近の角界のレベルダウンを嘆く声がほとんどだ。

武蔵川親方（元横綱・武蔵丸）は「現役時代なら白鵬には絶対負けない」と公言。朝日山親方（元関脇・琴錦）も「白鵬と対戦しても、負け越すことはないでしょう」と自信満々に語った。

元関脇・貴闘力の鎌苅忠茂氏は白鵬が次々と記録を更新している時、「どんな強い力士でも、三役クラスなら3回取れば1回は勝てるはず。**今の力士は対白鵬戦に、工夫も努力も足りない**」と、現役力士の力不足を嘆いた。

同様の声はなんと協会のトップだった北の湖前理事長も指摘。白鵬が2度目の40連勝超えを果たした平成25（2013）年名古屋場所で、「白鵬は左上手を横から簡単に取りにいく悪癖がある。その隙をつけばいいのに、そんな研究をしている力士が一人もいない」と、もどかしそうな表情で語っていた。

白鵬自身にもそうした自覚があるようで、平成26（2014）年名古屋場所で、史上3人目となる30回の優勝を果たすと「いい時代に綱を張らせていただいてます」と思わず本音を吐露してしまった。

どんどん増える外国出身力士と、ますます減っていく日本人力士

その要因として、まず挙げられるのが、モンゴル全盛時代には、外国出身力士を中心に「打倒横綱」の気迫に欠ける力士が多く存在していることにある。

朝青龍、白鵬の時代となったこの10年。稀勢の里が平幕だろうが大関だろうが地位には関係なく、両横綱にとって場所一番のハイライトとなるのが、常に稀勢の里戦という異常な構図が続いている。

優勝争いから後退した大関は、真っ向勝負を貫く稀勢の里以外は、たやすく優勝争いのトップを走る力士の軍門に下ることが多かった。貴乃花時代に比べると、看板力士同士の相撲内容が著しく低下した。そんななかで特に膝の怪我という宿《しゅく》痾《あ》はあったものの、把瑠都の存在が大きかった。

朝青龍13勝—稀勢の里4勝、白鵬40勝—稀勢の里12勝、把瑠都20勝—稀勢の里5勝。

稀勢の里というリトマス紙を通してみると、把瑠都は、朝青龍、白鵬に匹敵する地力の持ち主だったことがわかる。

把瑠都は、入幕3場所目の平成18（2006）年秋場所前の横審総見稽古で、全盛期だった朝青龍にいきなり4連勝。何番取っても勝てそうもないと察した朝青龍が、頭を下げて土俵を降りてしまったことがあった。

それが朝青龍9勝―把瑠都0勝、白鵬24勝―把瑠都3勝はあまりにもお粗末な結果だったといわざるを得ない。相撲の質からして、把瑠都は朝青龍や白鵬より取りこぼしは多いだろうが、地力は五分以上のものがあったはず。

白鵬は把瑠都が引退した時、webの「月刊　白鵬」で、「私はあらゆる力士の取り口を研究していますが、『把瑠都が本気を出したらかなわない』という思いをいつも抱いていました」とその強さを強調していた。

大鵬に対する柏戸のように、把瑠都も朝青龍や白鵬にライバル心を燃やせば他のヨーロッパ勢も続き、土俵はまた違った展開になったことは間違いない。

白鵬の記録達成の背景には、不祥事の連鎖で数多くの関取を解雇し、力士の層が極端に薄くなってしまったことも挙げられる。事実、63連勝は、朝青龍引退直後の平成22（2010）年春場所からスタートしている。

しかし一番の問題は、日本人で素質に恵まれた若者が、ほとんど相撲界の門をたたかな

くなったことにある。朝青龍以降、外国出身勢力に好き放題やられているのは事実だが、実は入門に関して、かなりの制限が存在することはあまり知られていない。

かつては無制限に入門できた外国人力士だが、平成4（1992）年に1部屋に2人以内、角界全体で40人までとするルールが作られた。平成14（2002）年からはさらに各部屋1人までと改定された。

すると部屋にいる外国人力士を帰化させ、もう1人入門させようとする動きが出てきたため、平成22（2010）年からは、「外国人力士枠」を「外国出身力士枠」に変更。それまでに2人いる場合や、消滅した部屋を合併した場合などの例外を除き、外国出身力士は完全に各部屋1人しか許可しないことになってしまった。

現在のモンゴルでは、ジャパニーズドリームを夢見る若者たちが、順番待ちをしているのが実態だ。もし野放図に外国人力士を入門させたら、さらなる番付の上位独占、優勝独占状態になることは、火を見るより明らかだ。

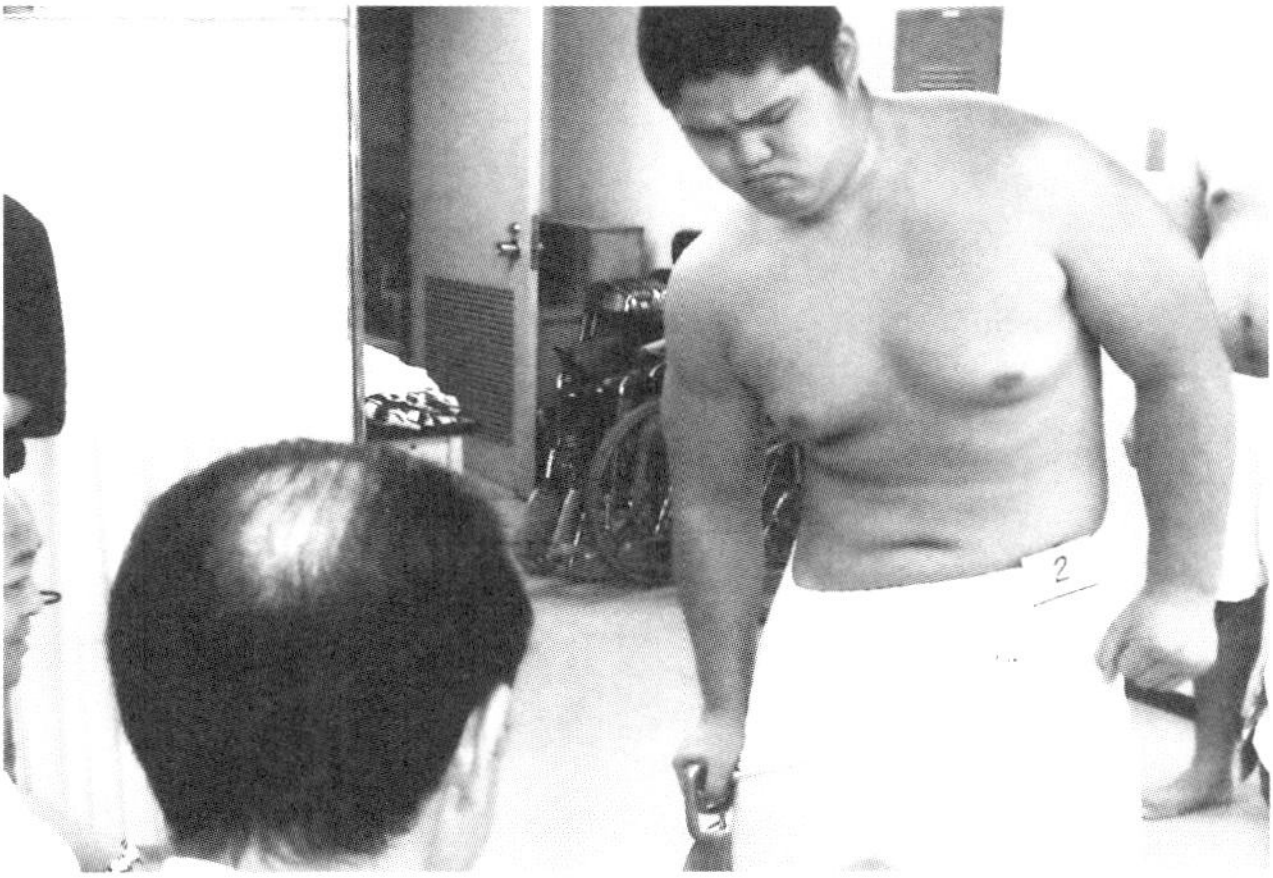

握力検査をする新弟子のようす

多様なスポーツの流行で新弟子が集まらない？

一方、相撲部屋の安定した経営には、どうしてもある程度の人数をかき集めることが必要だ。外国人力士に規制をかける一方で、日本人力士の新弟子検査の基準はどんどん緩めている。

平成12（2000）年までは長らく、身長173センチメートル、体重75キログラム以上が合格の基準だった。最も新弟子の集まる春場所は、俗に「就職場所」と呼ばれるが、新弟子ラッシュのころには、172・5センチメートルでも不合格だった。身長不足の舞の海が頭にシリコンを注入してまで角界入りしたエピソードは、あまりにも有名だ。

それが現在は身長１６７センチメートル、体重67キログラム以上とかなり緩和された。春場所の中学卒業者に限っては身長１６５センチメートルでもＯＫなのである。

平成13（２００１）年から平成24（２０１２）年までは、１７３センチメートル、75キログラム以上の規定に満たない者は、第二検査と呼ばれる体力テストが義務付けられていた。普通の運動能力さえあれば合格できるものだったが、それさえも平成24（２０１２）年春場所を最後に廃止されてしまった。

平成25（２０１３）年1月、１９７センチメートルの藤浪晋太郎（阪神タイガース）や１９３センチメートルの大谷翔平（日本ハムファイターズ）がプロ野球のルーキーとして新聞をにぎわせているころ、相撲の新弟子検査では、当時身長１６０センチメートルしかなかった伊藤（現・爆羅騎《ばらき》）が、思い切り背伸びをして１６７センチメートルの規定をクリアしたことがスポーツ紙の1面を飾った。

こうしたなりふりかまわぬ新弟子獲得作戦を敢行しても、平成24（２０１２）年春場所には史上最少となる34人しか入門希望者が存在しなかった。かつては、相撲人気が高まるとお相撲さんに憧れる若者も増え、多くの新弟子が集まっていた。

「巨人・大鵬・卵焼き」の流行語を生んだ昭和38（1963）年には、1年間で最多となる250人の新弟子が合格した。

貴花田が初優勝した直後の平成4（1992）年春場所には、1場所としては最多の160人が新弟子検査に集まり、151人が合格。同年に223人、平成5（1993）年には221人と2年連続で年間200人超えも果たした。

ところが、若貴時代以来といわれるほど満員御礼が続いた平成27（2015）年度でさえ、春場所に43人、年間を通しても74人しか集まらなかった。

昭和30（1955）年から平成17（2005）年までの51年間で、年間の新弟子数が100人を下回ったのは、昭和43（1968）年、47（1972）年、平成14（2002）年のわずか3回。年間150人以上集まった年は22年もある。

ところが平成18（2006）年から27（2015）年まで10年連続で年間100人割れの状態が続いている。ハードルを下げたにもかかわらず、新弟子不足の状態が続いているのだから、事態は相当深刻だ。

毎年、数多くの新弟子が番付に掲載される夏場所が、1年を通して一番力士数が多い。平成27（2015）年九州場所には638人の力士が在籍していたが、以前なら角界入り不可能だった173センチメートル未満が112人。160センチメートル台も42人存在する。もし、平成12（2000）年までの新弟子検査の合格基準を守っていたら、力士総数はわずか526人になってしまうところだった。

しかも小さくても膂力《りょりょく》に優れた力士は、宇良（木瀬部屋）などほんの一部。上背もない上、運動能力に欠ける肥満児が多数を占めている。

記者時代にはほとんどの新弟子検査を取材した。もちろん磨けば光る人材もいないわけではなかったが、全体的な印象としては、年々数が減るだけではなく質も落ちていったように感じた。

握力検査では、何人も続けて30キログラム台や40キログラム台を記録したので、通常の握力計とは異なるのかと思い、当時50歳を超えていた筆者が測ったら約50キログラムあった。前回の東京オリンピックが開かれたのは昭和39（1964）年10月。そのころの花形力士の身長は横綱・大鵬187センチメートル、柏戸188センチメートル、大関・豊山189センチメートル、関脇・明武谷《みょうぶだに》189センチメートルと、当時としてはかなり大型。それも動きやすそうなアスリート体型だ。

最近の相撲界は、一見、体格がよくなったように見えるが、琴欧洲202センチメートル、把瑠都198センチメートル、白鵬192センチメートルと外国出身力士ばかり。むしろここ数年の新十両・新入幕を見ると、180センチメートル前後がほとんどだ。体重こそ現在のほうが格段に重いが、それも稽古不足が一因と批判の対象にさえなっている。

相撲の専門誌では、初場所展望号に若手の有望力士を掲載するのが恒例となっている。『NHK G―Media 大相撲ジャーナル』平成28（2016）年2月号（アプリスタイル）でも「幕下ホープ」として15人の力士を紹介している。

その身長だけを列挙すると①174、②182、③166、④181、⑤175、⑥175、⑦170、⑧182、⑨181、⑩180、⑪182、⑫188、⑬185、⑭173、⑮172（いずれもセンチメートル）となっている。

平成時代の、それも大男が集まる団体の若手ホープとはとても思えない。この数字を、男性の平均身長が160センチメートルに満たなかった「明治・大正時代の有望株の身長である」といっても、それほど違和感がないのではないだろうか。

日本人の体格向上に伴い、各スポーツが著しく大型化したのに対し、相撲界だけが後れを取っている感は否めない。

かつては体格に恵まれている者ばかりではなく、運動神経の発達した新弟子も多かった。

初代貴ノ花（のちの二子山親方）は、水泳の100メートルバタフライで中学新記録を作り、メキシコオリンピックの有力候補だった。

中学時代に陸上部に所属していた千代の富士（現・九重）も、そのまま続けていればオリンピック出場の可能性は高かったといわれている。

2人とも入門時にはかなりの痩身だったが、身体能力さえ高ければ、横綱・大関にまで出世できるいい見本だといえよう。

日本人の新弟子に逸材が多く存在したのは、貴乃花（現・親方）が入門したころまでと指摘する協会関係者も多い。大関・貴ノ花の息子で、幼少の頃から相撲に親しんだ若貴はもちろん、197センチメートルの長身に背筋力300キログラムの貴ノ浪や、握力計を振り切った魁皇などは、どんな時代でも、努力さえすれば上位に昇進できる器だった。

優れた人材が集まらず、稽古量もかつてと比べれば激減しているのだから、レベルダウンしているとの指摘は現実味を帯びてくる。

現在最強の白鵬を指して、「貴乃花の時代だったら優勝10回クラスの横綱」、厳しい親方になると「大関止まりなのでは」という声さえあるほどだ。

見るだけでなく取る楽しさも日本独自の文化としての相撲

新公益法人として平成26（２０１４）年4月から新たなスタートを切った相撲界だが、見るだけではなく、相撲を取る楽しさを肌身に感じさせ、もっと裾野を広げないと、日本人力士の質は低下する一方となってしまう。各小中学校に土俵を作ることや、幕下以下の力士や力士ＯＢなどが、相撲の指導や普及を図ることなども、今後の課題だろう。

昭和40年代ぐらいまでは、地面に丸を描いて相撲に興じる子どもたちをよく見かけたが、最近ではめったにそうした光景にはお目にかかれない。

このまま手をこまねいていたら、国技といわれながらも、相撲をほとんど取ったことのない日本人だらけになってしまいかねない。

アマチュア相撲の競技人口も、ほかのスポーツに比べると少なすぎる。日本相撲連盟（アマチュア相撲の団体）に登録されている人数は、平成10（１９９８）年には７６８４人だったが、平成20（２００８）年には４７１５人となってしまった。

ただでさえ少人数だったのが、わずか10年でさらに4割近くも減少してしまった。その後は、最低ラインと思える人数をなんとかキープし、平成27（2015）年度も「アマ相撲の選手は5000人弱」だという。現在の学生横綱、アマチュア横綱といっても、大変な人数の中から選りすぐられた栄冠ではない。

指導普及というともっぱら力士予備軍のほうに頭がいきがちだが、**プロとアマの垣根を越え、取る相撲に興味を持つ子どもたちを少しでも増やすことが、長い目で見れば有効になるはず**。

今後、さらなる少子化が進むことは明白な事実。しかも平成32（2020）年の東京五輪に向けて、各アマチュアスポーツ団体も選手強化に乗り出している。これからますます、体格に恵まれ、運動神経の発達した子どもを、相撲界が獲得するのは困難な状況となるのは明らかだ。

近年の角界の中では、やはり朝青龍や白鵬の身体能力が抜群だったのは間違いない。白鵬の父親は年1回行われるモンゴル相撲の大会で6回の優勝を誇る。その上、昭和43（1968）年のメキシコオリンピックでは、レスリングで銀メダルを獲得。モンゴルに初めて五輪のメダルをもたらしたナショナルヒーローだ。

日馬富士は幕下以下のころから、スピードや足腰の強さが際立っていたし、照ノ富士も貴ノ浪や把瑠都と匹敵するほどの破格のスケールを誇る。

豊かになり、便利になった日本では、モンゴル勢を含む外国人勢力に対抗できるような素質に恵まれた若者はそういないという声もあるが、そんなことはないはずだ。

様々なスポーツにおいて、世界で通用するプレーヤーは以前より増えている。そうした人材が相撲というスポーツを選択しないだけなのだ。

相撲はスポーツと伝統文化がうまく融合した、世界でも稀有な興行といっていいだろう。絶やすことなく、正しい形で後世に伝えていくことが大事なのはいうまでもない。

一時どん底だった相撲人気も、遠藤や照ノ富士などの人気力士の台頭や、様々なPR活動が功を奏し、息を吹き返している。最近のプチ好景気に浮かれ、安堵している相撲関係者もいるが、前述のとおり、根本的な問題点は放置されたままだ。

現在の相撲人気は砂上の楼閣にしかすぎず、再び危機的状況を迎えてしまう可能性があることを、もっと自覚する必要がある。

好素材の集まらない団体に未来はない。

■あとがき■

相撲、そして野球好きの祖父がいる家庭に育ち、幼少の頃から大相撲とプロ野球を一緒に見ていた。

気がつくと相撲は大鵬、野球は長嶋を熱狂的に応援するようになっていた。

小学校に入学したのが昭和38年で、その年の流行語にあの有名な「巨人・大鵬・卵焼き」というのがある。

少年時代は、まさのそのど真ん中の世代で育った。

大鵬は中3だった昭和46年に引退し、長嶋は高3だった49年に現役に別れを告げた。

昭和を代表するスポーツマン2人が引退する頃には、多数出版された専門誌やムックを買いあさった。

ネットなどない時代。テレビを見て、スポーツ新聞を読んでもわからないことは、専門の雑誌に頼るしかなかった。

野球は、長嶋引退後も興味ある内容の本を買う程度だったが、相撲は専門誌の定期購読者になった。

昭和初期の双葉山、明治の梅ケ谷・常陸山、江戸の谷風・小野川……、どの時代のエピソードも興味をそそられた。江戸の香りを残す大相撲の社会全体にも、魅了されていった。精通するにつれ、大相撲の世界が綺麗事ばかりではないこともわかっていったが、それも含めて相撲文化だと認識していた。

やがて社会人となり、幸運にも自分が購読していた読売新聞社発行の『大相撲』誌の仕事に携わることができた。

『大相撲』誌は、雑誌不況と不祥事の連鎖で相撲人気が低迷する中、平成22年9月号で56年の歴史に幕を閉じた。

二十数年の相撲記者生活を通じ、最高の力士といえばなんといっても貴乃花だった。貴乃花こそアスリートの自覚を持ちながら、横綱としてもふさわしい成績を収めた戦後唯一の存在といっても過言ではなない。

貴乃花をモノサシにして見ると、その後の相撲界、特に上位力士の相撲内容には物足りなさを覚えた。不祥事もあり相撲界は低迷を余儀なくされた。

ニューヒーローの誕生や、協会関係者の努力もあり、最近は人気復活傾向だが、根本的な課題は解決されていない。

底辺を支える競技人口が少なすぎることなどを考えると、このまま将来が安泰だとはとても思えない。相撲協会には、伝統・文化の担い手であるという自覚も、もっと必要だろう。平成27（２０１５）年の九州場所中に、ここ数年の相撲界を牽引してきた北の湖理事長が急逝した。後任には八角親方が決まったが、任期は平成28（２０１６）年3月までで、4月から本格的な政権がスタートする。

どんな体制になるかは現時点ではわからないが、「自分たちの代さえよければいい」という発想だけはやめてもらいたい。

世界広しといえども、これほど伝統・文化とスポーツがうまく融合した興行はほかにはないだろう。

ビートルズのポール・マッカートニーが好角家であるように、大相撲は世界にも通用するキラーコンテンツであることは間違いない。

「ニュー相撲界」には、１００年、２００年を見据えたビジョンを持って運営してもらいたい。不要な因習と必要な伝統を見極め、日本独自の身体文化を後世まで伝えていく義務があるはずだ。

未来の展望を考える上で、必ず必要なのは、過去の歴史をもう一度見直すことである。

長い歴史と伝統を有する大相撲だが、ファンどころか角界関係者でも熟知している人はあまり多くない。本書が、よりよい方向に向かうための一助となれば、幸いである。

著　者

長山　聡（ながやまさとし）

1956年、東京都生まれ。上智大学経済学部経済学科卒業。塾講師の傍ら、1986年より読売新聞社発行「大相撲」誌と日本スポーツ出版社発行「ホームラン」の取材＆執筆、編集補助等に携わる。1991年に読売「大相撲」誌の専属となり、記者として精力的に相撲界を取材。豊富な知識に裏付けされた相撲に対する見識や提言は、関係者からも高い評価を得る。2010年8月の「大相撲」誌休刊後、現在は読売プラス編集委員。著書に『貴乃花　不惜身命、再び』（イースト・プレス）。ほか、相撲関連書籍、ムックなどへの書き下ろし多数。

＜参考文献＞
『読売　大相撲』（読売新聞社）／『国技大相撲の100傑』（講談社）／『別冊相撲　相撲浮世絵』（ベースボールマガジン社）／都立中央図書館　江戸東京デジタルミュージアム

カバーデザイン・イラスト／杉本欣右
本文レイアウト／小川律子
イラスト／岡本倫幸
企画・編集／溝口奈央（実業之日本社）

JIPPI Compact

じっぴコンパクト新書　279

大相撲《おおずもう》　あなたの知《し》らない土俵《どひょう》の奥《おく》

2016年2月12日　初版第1刷発行

著　者……………長山聡
発行者……………増田義和
発行所……………実業之日本社
〒104-8233　東京都中央区京橋 3-7-5　京橋スクエア
電話（編集）03-3562-4041
　　（販売）03-3535-4441
http://www.j-n.co.jp/
印刷所……………大日本印刷株式会社
製本所……………株式会社ブックアート

　ISBN978-4-408-11172-8（学芸）